美国大学实录

问学彼岸

姜有国 郭红——著

广西师范大学出版社
·桂林·

问学彼岸：美国大学实录
Wenxue Bi'an: Meiguo Daxue Shilu

图书在版编目（CIP）数据

问学彼岸：美国大学实录 / 姜有国，郭红著. —桂林：广西师范大学出版社，2019.11
ISBN 978-7-5598-2249-9

Ⅰ. ①问… Ⅱ. ①姜…②郭… Ⅲ. ①高等学校—留学教育—介绍—美国 Ⅳ. ①G649.712.8

中国版本图书馆 CIP 数据核字（2019）第 225249 号

广西师范大学出版社出版发行

（广西桂林市五里店路 9 号　　邮政编码：541004）
（网址：http://www.bbtpress.com）

出版人：张艺兵
全国新华书店经销
北京盛通印刷股份有限公司印刷
（北京经济技术开发区经海三路 18 号　　邮政编码：100176）
开本：889 mm × 1 194 mm　　1/32
印张：6.625　　　　字数：118 千字
2019 年 11 月第 1 版　　2019 年 11 月第 1 次印刷
印数：0 001~8 000 册　　定价：56.00 元

如发现印装质量问题，影响阅读，请与出版社发行部门联系调换。

引言

"Let Plato be your friend, and Aristotle, but more let your friend be truth."

"与柏拉图为友，与亚里士多德为友，更要与真理为友。"

Harvard University

哈佛大学

"Truth and Light"

"真理和光明"

Yale University

耶鲁大学

"In the Nation's Service and in the Service of All Nations."

"为国家服务，为世界服务。"

Princeton University

普林斯顿大学

"The truth shall make you free."

"真理使人自由。"

California Institute of Technology

加州理工学院

"Let knowledge increase so that life may be enriched."
"让知识充实你的人生。"

University of Chicago
芝加哥大学

"Mind and Hand"
"理论与实践并重"

Massachusetts Institute of Technology
麻省理工学院

"Knowledge and Faith"
"博学，虔信"

Duke University
杜克大学

"The wind of freedom blows."
"愿学术自由之风劲吹。"

Stanford University
斯坦福大学

从这些美国著名大学的校训中我们应该能够品味出美国大学教育的含义和宗旨。曾任耶鲁大学校长20年之久的理查德·莱文博士曾经说过:"如果一个学生从耶鲁大学毕业时,居然拥有了某种很专业的知识和技能,这是耶鲁教育最大的失败。"

美国的教育,强调所谓自由的精神、公民的责任、远大的志向,重在培养批判性的独立思考、时时刻刻的自我觉知、终身学习的基础以及获得幸福的能力。正如中国著名教育家蔡元培先生在《中国人的修养》一书中所说的:"决定孩子一生的不是学习成绩,而是健全的人格修养!"

今天的教育模式已经不再是传统的单一模式,知识经济的创新、信息通信技术的发展、高等教育的大众化、网络远程教育的兴起、国际教育文化的交流都使得今天的教育模式更加多元化、系统化。各国对教育的投入和重视驱动了新一轮的教育体制改革和创新。在国际化与全球化浪潮的影响之下,大学的教育理念和教育模式也发生了变化。面对多元的社会需求,很多国家的教育部门和主管机构已经逐渐意识到单一的专业培训模式或者以记忆、背诵和灌输为主的教育方法已经无法适应现代社会的需要。如何培养具有创新思维、批判精神、责任意识的世界公民已经逐渐成为当今全球高等教育的一个核心问题。在这种新的高等教育发展推动下,人才的培养理念、目标以及培养机制也发生了很大的变化,通识教育与专业教育的结合是未来教育的必然发展趋势。全球很多国家的高等教育乃至中等教育机构在教育体制、教材以及课程的改革过程中，开始打破传统的实用和专业教育格局，将通识教育作为必修的基础课程体系，而美国的高等教育在这一领域可以说是先走一步的实验者。

对于中国学生而言，赴美求学最早始于19世纪中期。随着历史的演进，中美关系的发展，教育的国际化和全球化，越来越多的中国学生走出国门，继续深造。今天，无论是漫步在纽约的哥伦比亚大学校园，还是驻足在波士顿的哈佛大学图书馆前，很容易见到中国留学生的身影。中国留学生和学者以勤奋刻苦的努力和务实的态度为中西方教育文化层面的交流和学习搭建起桥梁。在美国从事学习和研究，了解美国的政治制度、社会历史和教育文化是我们认识外部世界的一种途径，也可以促进不同领域的对话和发展。

二十一世纪的全球社会是一个人才竞争的社会。如何培养和吸引高素质、高水平、高科技的创新型人才是各个国家教育发展所面临的新课题、新任务。为此，美国前总统小布什于2006年1月31日在其国情咨文报告中公布了一项重要计划——《美国竞争力计划》(American Competitiveness Initiative, ACI)，他提出知识经济时代教育目标之一是培养具有STEM(Science, Technology, Engineering, Mathematics)素养的人才，并称其为全球核心竞争力的关键。由此，美国在STEM教育方面不断加大投入，鼓励学生主修科学、技术、工程和数学，培养其科技理工素养。为了吸引更多的优秀国际学生留美发展，其移民政策也大力倾向于吸引STEM领域的优秀人才。

根据美国国际教育研究院(Institute of International Education)

资料，2016年国际学生（本科及本科以上学历）在美国的人数达到1 043 839人，其中有328 547名中国学生。随着教育的国际化和全球化、美国签证政策的开放，以及国内经济的发展，越来越多的家长选择给孩子提供海外的教育资源，留学生人数成倍增加，留学生年龄低龄化。此外，国际化的教育交流也给很多短期交流或者交换学生提供了拓宽国际视野的机会。

本书的两位作者，姜有国（波士顿学院教授）曾就读于牛津大学、哈佛大学、波士顿学院，长期潜心研究高等教育国际化和博雅教育，作为波士顿学院助理副校长、教育学和哲学教授，有着丰富的学生辅导、教学和管理经验；郭红（波士顿学院高级访问学者、哈佛大学访问学者）曾就读于西安外国语大学、中国政法大学、麻省大学波士顿分校，多年从事教育培训的理论研究和实践工作，作为高级升学顾问，精通美国中学和大学不同层次的申请过程和要求，曾输送众多优秀学生进入美国顶尖学府，在美学习和研究期间，深入美国波士顿地区小学、中学和大学进行教育领域的比较研究。基于共同的教育理念和实践经验以及对中国留学生在美生活学习的深入了解，两位作者倾力奉献这本《问学彼岸：美国大学实录》，以期全面地为中国学生和家长，以及需要了解美国大学生活的社会各界人士，提供详尽、清晰的美国大学生活学习实录。本书将为学生和家长们提供一份真实、可靠、实用、专业的留学指南，以帮助赴美留学的学生们更好更快地适应美国大学的学习和社会生活；为广大读者和家长们提供一个多元国际化、具体的、建设性的资讯平台和论坛，了解美国大学生活的点点滴滴，陪伴孩子们快乐、健康、平安、自信、豁达、开朗地生活和学习。

目 录

001　一、美国大学教育概况及特点

003　1. 美国大学的教育理念——通识教育
010　2. 美国大学教育的特点——多元化、灵活性
013　3. 美国大学教育的层次——多层次、多类别
023　4. 美国大学博雅教育的特点
038　5. 美国大学如何善用捐赠

045　二、美国大学的学习经验

047　1. 美国大学的新生导航（freshmen orientation）活动
049　2. 如何选择专业
054　3. 如何选课
064　4. 如何与教授 / 人生导师沟通
071　5. 如何做好笔记
073　6. 如何积极参与课堂讨论
074　7. 如何购买书籍
075　8. 如何善用大学资源
079　9. 如何管理时间（学习、休闲、运动）
083　10. 如何参加课外活动
084　11. 如何参与海外交流学习
086　12. 如何顺利通过考试

088　13. 如何申请奖学金
090　14. 如何申请转学或转专业
091　15. 如何增强两种（或者多种）语言的使用能力，提高竞争力
097　16. 如何引用学术资源
099　17. 学术诚信

101　三、美国大学的生活宝典

103　1. 美国大学的"大学第一年教育"（first year experience）
105　2. 美国大学的社交生活
113　3. 美国大学的同学交往
117　4. 与家长保持常规联系
117　5. 美国大学的衣食住行
128　6. 美国大学生活安全注意事项
149　7. 如何办理银行卡
150　8. 如何获得社会安全号码
150　9. 如何报税
151　10. 如何就医看病
153　11. 如何看待美国大学校园里的同性恋团体（LGBT）
154　12. 留学生心理健康与大学心理辅导中心

159　四、美国大学的实习兼职工作

167　1. 合理地安排暑假

168　2. 积极参加志愿者公益活动
171　3. 大学就业服务和辅导中心
172　4. 校友关系网

173　**五、留学生和家长的共同成长**

175　1. 教育是一种消费，不是投资
176　2. 如何理性看待美国大学排名
179　3. 申请美国大学的基本要求
183　4. 对祖国的认同
184　5. 培养良好的心态

193　**结束语**

一、美国大学教育概况及特点

1. 美国大学的教育理念——通识教育

人类社会文明的进化史就是人类社会教育的发展史。古今中外，教育家的思想和实践推进了人类社会发展的步伐。在英文里，教育（education）这个词来源于拉丁文单词 educare，本意是指引出、教育、指导、带领和培养。不同的国家、民族和文化对"教育"有不同的理解和看法，但大部分人会认同一个共同的理念，即教育的基本目的是为了培养人，培养一个对自己、对社会有责任感的人。英国著名的神学家和教育家约翰·亨利·纽曼在其名著《大学的理念》一书中主张教育的目的是培养社会的好公民。美国现代教育之父杜威提出教育即生活、学校即社会的思想。杜威的理念深深地影响了美国教育在 20 世纪后半叶的发展，也影响了美国社会和文化的走向。他坚决主张教育是培养合格的公民，并大力提倡教育要培养富有个性精神和合作精神的平民和公民。说到教育目的，英国教育家赫伯特·斯宾塞在他的《教育论》中提出了"为完满生活做准备"的教育目的。斯宾塞认为，生活应当是教育价值的核心，教育的目的应当围绕"丰富的生活"开始。这里所说的"丰富的生活"不仅指物质条件方面，还包括培养心智，做一个好公民，以及合理利用自然资源以增进人类幸福等广阔内容。因此，大学具有重要的社会使命。

正是在诸多教育思想家的探究和实践活动影响下，美国的高等教育逐步发展形成了独具特色的教育理念——通识教育，其概念可以上溯至中国先秦时代的六艺教育思想和古希腊时期的博雅教育理念。简单地讲，通识教育可以概括为：通才教育和全人教育。美国教育学家和哲学家纳斯巴姆（Nussbaum）曾经论述过现代美国教育源于西方两个传统：一种是苏格拉底对"经过反省的生命"价值的信仰，另一种是亚里士多德"具有反省意识的公民"。她认为，作为一种"自由"的教育，它将思想从习惯与传统的桎梏中释放，帮助培育对事物具有敏锐意识的世界公民，洞察世界的发展和时代的征兆，而通识教育作为现代美国大学的一种体系，其目的就是帮助学生培养批判性思维和良好的沟通能力、写作能力，并使学生成为具有社会服务和参与精神的优秀公民。因此，教育的目的并不是简单的灌输知识，提供文凭、学位和技能，而是综合能力和跨学科知识的提升与整合。我们中国古代的教育实践中也有"授人以鱼，不如授人以渔"的教育理念。

哈佛大学是莘莘学子孜孜以求的梦想学府（dream school）。从它的座右铭"真理"中我们也可以看到美国大学追求和倡导的教育理念。它倡导学生和教师以一种追求真理的态度和精神来完善自己，并为社会做出应有的贡献。这也是美国大学教育所提倡的人文精神。它的本质是对真理的追求，是一种宽容的态度，尊重他人的情操以及人与他人、社会和自然的和谐相处。这也是以哈佛大学为代表的美国大学的灵魂。

哈佛大学前校长博克对大学具有的八个主要功能是这样阐述的：提高交流能力；培养分析能力；加强解决问题的能力；培养价值判断的能力；提高社会交往和互动的能力；培养对个人和环境的理解能力；改善个人对当今世界的了解能力；增长艺术和人文学科的知识。当然，这些高等教育的功能并不仅仅停留在高校的层面上，美国许多州的各类各级学校也在传达这种教育的理念和精神。美国社会认为，从整体上讲，学校不是培养天才和精英，而是培养合格的、心怀责任的公民和领袖。当一个社会拥有合格的、高素质的公民时，社会和国家需要的人才也就源源不断，社会的物质和精神财富也会增加。众所周知，美国顶尖的八所常春藤大学都是私立大学，它们的教育、研究经费除了政府资助外，大多数是来自私人或团体的捐赠。学校培养人才，人才回馈社会和学校，这样的正向循环促进了整个美国教育领域的良性循环和不断发展。

具体来讲，通识教育并不仅仅局限于学科或者多学科的课程内容，而且包含了这些课程如何在课堂内外发挥它的特色。最为常见的是，教育是一种对话、互动并以学生为中心的教育模式和社会服务体系。学生们需要对任何人、任何书籍以及老师都具有积极的批判意识和精神，学生们具有较大的弹性去选择自己的课程，并且对自己的学习负责。

世界银行在2000年出版的报告《发展中国家的高等教育：危机与出路》对发展中国家高等教育的现状进行了深入分析，并提出了关于高等教育改革和发展的一系列建议。该报告指出，一个社会如果缺乏经过良好和全面教育的公民，那么高等教育所提供的公共利益将无法实现。这些利益包括那些为社会的进步、认识和处理问题以及创造学习和发展文化的机会经过全面培训的人才。为了使各个国家发展成为以知识为主体的现代社会，高等教育不仅仅要培养某个领域的专家和学者，而且要培养具有全面知识和素质的现代化管理人才。

这种通识教育还要求学生在毕业之前，必须要修读相应的通识教育课程（一般占总课程学分要求的三分之一），培养学生的批判精神、创新意识、社会责任和伦理思维。它通常由三个部分组成：自然科学、人文科学和社会科学。这种来源于古希腊博雅教育理念的通识教育体系主要是扩大知识视野、培养和加强学生的能力，使学生能够从容应对复杂、多元和变化的社会。它为学生提供广博的知识（比如科学、文化、宗教、历史和社会等），同时指导学生在特别的专业领域出类拔萃，帮助学生发展社会责任意识、掌握丰富和跨学科的学术知识和实践能力，比如沟通能力、研究分析能力和处理问题的能力，以及将知识和技能灵活地运用到实际工作和生活的能力。

随着社会的不断变化和市场的竞争要求，从20世纪60年代到90年代，美国的一些大学出现了强调专业为主的功利化教育。针对这些新的问题和挑战，作为美国各高校仿效的哈佛大学在2002年再度改革其通识教育课程，以"如何做人，以及如何生活"为主题，帮助学生们将在学校所学的知识与外在的世界联系起来，了解社会的发展动态，以及自己需要扮演的角色。

2007年2月7日，哈佛大学在其学校网站上公布了哈佛大学通识教育改革的报告，这是哈佛历时3年的通识教育改革的最终报告。

新修订的通识教育模式内容涵盖了八大领域：美育与解释性思维、文化与信仰、实证与数学推理、伦理思维、生命科学、物理科学、全球社会、世界中的美国。哈佛的通识教育学分约占总学分的40%，这些课程本身不仅仅是一种选修或者必修的问题，对于哈佛学生和教师们而言，这是一种终生的追求。教学内容除了传授专业知识以外，更顾及了发展人性以及现代社会的需要，使哲学、人文、历史、伦理等课题融入学生们的生活。同时，课程的多元性给予学生更大的选课自由，扩展学生的视野，培养学生的思辨能力与批判精神。更为重要的是，一如哈佛大学所倡导的，通识教育的目的不仅仅是为学生未来的生涯做准备和规划，更是为了将学生培养成一个合格的、具有责任感的人与公民，使学生有准备地，并且有批判性地和建设性地回应社会和历史的发展，能更好地理解他们所说和所做的伦理、道德的意义和服务精神。哈佛大学的这次教育模式改革被认为是哈佛大学的博雅教育（liberal arts education）改革，它明确了四个目标：（一）把学生培养成为一名合格的公民，让他们了解当今世界在经济、技术和社会方面的动力和趋势；（二）引导学生更好地认识自己，尤其是在传统文化、艺术和思想之中了解自己的身份；（三）博雅教育不仅仅是为学生日后的职业发展做准备，也是为学生日后会遇到的各种变化做准备；（四）培养学生的道德伦理观念，让他们知道如何生活。通过批判性的思考，帮助学生明白自己应该怎么样去生活，并成为独立思考的个体。

美国著名的高等教育学者菲利普·阿特巴赫（Philip Altbach）指出，高等教育全球化和国际化的发展是教育和学位改革的一股新的动力,比如建立分校区、境外学术项目、联合或者双学位。因此,在全球化的浪潮中,美国的许多研究型大学,如哈佛大学等也在积极推动教育改革和发展,使毕业生具有面对社会的挑战和需求的综合能力。此外,科技的更新、多元文化的发展以及经济变化对教育提出了挑战,改革的迫切性凸显。

在美国高等教育包括通识教育的历史发展过程中,具有里程碑意义的改革是耶鲁大学2009年将通识教育课程模式作为核心课程的改革。耶鲁大学拥有12个学院,但是只有耶鲁学院是本科生教学,本科专业包括人文科学、社会科学、自然科学和工程学科。耶鲁大学的通识教育课程分为四类,第一类包括语言及文学、英语以及其他语言;第二类包括建筑、艺术、古典文明、历史、科学史、艺术史、音乐、哲学、宗教;第三类包括人类学、考古学、经济学、语言学、社会学、政治学以及心理学;第四类包括天文、地质、生物、化学、工程、物理、数学、分子学以及统计学等。针对通识教育,耶鲁大学在课程选择上的分布要求是,一年级学生必须修满第一类或第二类中两门课的学分和第三类或第四类中两门课的学分。到二年级结束,学生至少修满每一组中两门课程的学分。2009年,耶鲁大学的通识课程总学分从以前的8个学分增加为12个学分,本科生必须在人文艺术、自然科学、社会科学、定量推理、写作、外语等科系各科至少修2个学分。面对上千门课程,耶鲁大学给予学生充分的自主选课的自由,并且通过三个方面来帮助学生选课:(一)课程分布指导方针。课程分布要求的主要目的是保证学生在大学前两年的博雅教育中能够在纷繁多样的课程中拓展思维,学会探索知识;(二)课程分布必须满足的条件。它帮助学生组织好自己的选课,把所选课程分布到主修以外的其他学习领域,防止学生在选课时只是集中在自己单一的兴趣领域而忽略其他领域;(三)指导教师。耶鲁大学的每个住宿学院都有一名资深的指导教师(或称辅导员),指导教师的主要责任之一是为学生提供学业上的指导,帮助学生制定学习计划,以及与其他课任老师对学生在学习、活动以及生活方面的问题进行帮助等。

目前美国著名大学的通识教育课程基本上体现在两个层面:一是以培养大学生具备基本的读、写、沟通、批判等方面能力为目标的课程;二是提供均衡的知识,比如人文科学、社会科学与自然科学的综合知识,来帮助学生兴趣和个性发展。同时,由于通识教育课程是本科生第一和第二年的主课和基本课程,教学方法不仅有课堂教学,还有小组讨论,课后学习任务和作业报告,通过严格的教学要求和训练要求,使学生能够真正领悟和应用所学到的通识教育知识。上述四种模式只是当前美国大学通识教育的一种基本程序和课程设置特色,而在具体的实施当中,每一所高校都会有自己的特色和侧重点,以此来进行通识教育的具体应用和落实。比如,一些学校会将学生在假期进行的学习服务等项目纳入该校的博雅教育课程体系中。

今天,数以百万计的中国学生怀抱梦想,负笈美国,踏上这片新的土地,等待他们的是怎样一种文化和环境呢?在经济、政治、文化、科学、人文等任何一个领域,大学都应当是一个讨论个人和社会的基本问题的地方。中国学生到了美国之后,也需要了解这一教育的目的,不只是为了获得文凭、学历和技能,而是重在塑造人，一个在文化、科学、生活、家庭、道德、精神、良知、情感、理智等方面全面发展的人，才能有助于创造一个更加和谐、公正、繁荣、快乐和永续发展的文明社会。

2. 美国大学教育的特点——多元化、灵活性

美国大学一般采用学分制来衡量学生的学业水平是否达到专业要求。这样就为灵活的转学转专业制度提供了前提条件。课程体系多元化，教学模式灵活，成为美国大学教育非常重要的特点。

通常而言，美国大学教育本科项目需要修满120个学分，课程由三个部分组成：核心课程（15～17门课程）；专业课程（9～11门课程）；自由选修课程。

美国的大学通常实施以通识教育或博雅教育为基础，以专业教育为补充的教育主导模式，它帮助学生全面发展，而不是仅仅局限于某种技能和专业的培训。这种教育模式强调学生的阅读、写作、演讲、批判性思维能力和社会实践能力。美国大学通过这种通识（博雅）教育的核心课程，培养了学生具有全球化的视野和远见，这些核心课程包括理工科和文史哲之类的课程。美国大学的教学模式一般不强调学生死记硬背，考试并非是一种目的，而是一种方法，通过考试了解学生们理解和领悟了多少，还有哪些不明白的地方。评分要素也不仅仅是考试或者测验，还包括了学生的课堂参与（比如积极地回答问题）、小组讨论、个人或者小组报告，等等。固然很多美国大学都倾向于，而且在学校的

教育理念里常常提及培养未来领导，但同时也非常注重每一个学生的个性发展，因为毕竟不是每一个人都可以成为爱因斯坦或者苹果和谷歌那样的创始人。在整个教育的过程中，强调培养学生的全面发展，包括沟通和交流能力、思辨能力、团队合作精神等，同时也强调学生不断地挑战自我、挑战教师和权威。在本科阶段一个很重要的课程是写作和阅读，学校和教师们认为学生无论将来从事何种工作，良好的阅读、演讲和写作能力都是至关重要的，这些能力有助于学生将来更好地工作。同样，当学生毕业后走向职场的时候，雇主招聘员工的一个基本要求也是需要申请者具有良好的写作和沟通能力。

美国大学的教育除了传道授业之外，特别重视解惑。教师们在教学过程中非常重视学生思维的自主和独立，教师们也没有特定和一成不变的教学方法或者蓝图，而是积极鼓励学生参与整个教学和讨论的过程，在教书育人的过程中，积极引导学生的自主自发性。与很多亚洲国家的家长们的想法不同的是，美国人对于名校并没有太多的追求情结或者要求，他们更尊重孩子的自我选择，注重自己的孩子是否适应学校的环境、文化和特色，以及是不是一个开心快乐、身心健康的人。与别的国家的大学招生不同的是，美国的大学招生不仅仅要看高中成绩或者标准化考试诸如SAT、ACT等成绩（类似于中国的高考成绩），同时也要看学生们的课外活动、自我陈述、特长爱好、教师的推荐信、义工服务、领导能力以及团队合作精神等。换言之，美国大学更注重学生的综合能力和素质，并且从学生们提交的申请信息中洞察到学生的社会责任感和人格，不拘一格招人才。

美国的大学（无论公立还是私立）都没有统一和固定的教材。一部分教授除了使用自己出版和编辑的书籍之外，还会要求学生们购买必读的课本。此外，一些教授也会将阅读的各种文章汇集成册，便于学生阅读，有的则提供网站，学生运用学校的图书馆资料下载或者在线阅读。

除了上课之外，学校或者老师们组织的各种类型的讨论课或者讲座也能够帮助和启发学生们的独立思考能力和相互学习交流，并拓宽了学生们的视野。美国高校每个课程的阅读量非常大（理工科稍微少一些），除了在课堂上讲课之外，老师们一般会安排很多的书籍和资料让学生在课外去阅读、思考、写文章、做报告等，所以学生们的压力并不小。美国大学里大部分的老师评分是很多元化的，包括考试、测验、课堂参与、小组项目和报告以及其他别的要求。

美国大学的教育特别注重师生平等，没有任何等级观念。学生可以称呼老师为教授、先生、女士，也可以称呼他们的名字。学校的行政人员也并没有将行政职位当成很重要的官职，行政职务对于他们而言就是一种服务。师生之间都相互平等和尊重。此外，学校和教师们对于学生的隐私都有严格的保密和尊重，包括学生的成绩以及在学校的表现，除了经过学生的书面签字同意外，任何人和机构都不能获悉学生的成绩，即使是学生家长也无权查看。除了教学之外，美国大学的校园文化也是独树一帜，尤其是在周末的时候，各种社团、校方或者院系都会开展不同的文化、社会活动以及不同的系列讲座，以帮助学生在校园文化活动与社会生活之间建立紧密的联系，同时培养学生的兴趣爱好和适应社会的能力。

3. 美国大学教育的层次——多层次、多类别

3.1 美国的联邦教育部

美国教育最显著的特征是它的分权管理。美国的公立学校基本上由各个州及地方政府负责，除了一些特定的军事院校和原住民学校由联邦政府直接指导和管理之外，并没有全国性的教育体系。美国建国以来，联邦政府一直积极扶持高等教育发展，但并不干预各州和地区的教育体制和安排，换言之，从管理角度而言，成立于1980年的美国联邦教育部是一个没有实权的部门，但是从财政的观点来看，联邦教育部的功能不可小视。美国联邦教育部的功能和作用主要体现在以下四个方面：根据学校及州政府申请制定补助金额；收集全国的教育数据，为各州及民间机构提供教育事务参考；对美国教育中出现的重大问题提供指导和合作；保证所有学生都有平等享受联邦教育基金资助的权利，不受种族、肤色、宗教、国籍、性别、残疾或年龄的影响。

美国教育部不负责考试、升学、评估、具体教学、政治思想、人事任命和领导调遣等。在美国联邦教育部的官方网站上，也特别地指出，美国联邦教育部不设立学校、不发展课程、不设立入学及毕业标准、不设立州和地区教育标准以及不评估哪些州达到了教育目标。教育部下属的全国教育统计中心（National Center for Education Statistics）是权威的教育数据收集、统计、分析机构，为公众提供了全国性的教育数据。教育部没有权力干涉各级学校的课程设置、教学大纲、教师聘用以及教科书的采用。同时，教育部也通过提供丰厚的研究基金协助教师（公立和私立学校的教师）进修和研究，并帮助各级地方政府改善教育条件等来提高教学质量。

我们国际学生所熟悉的托福考试，GRE考试是由美国ETS（Educational Testing Service），即美国教育考试服务中心来组织的，它是世界上最大的非营利教育测试和评估组织，成立于1947年。其总部位于美国新泽西州劳伦斯镇。美国教育考试服务中心开发出了若干种面向K-12以及高等教育的标准化考试，同时还在超过180个国家9000个地区管理着包括托福、托业、GRE以及Praxis等在内的国际考试。其开发的许多评测都与美国的本科以及研究生教育有关，但它也为包括加利福尼亚州、得克萨斯州、田纳西州和维吉尼亚州的许多州的小学、中学开发评估体系。总的来说，ETS每年在美国及其他180多个国家运营着约2000万场考试。

中国学生熟悉的另一个美国大学入学考试组织机构就是美国大学理事会（College Board）。它是成立于1900年的一个美国会员制协会，即大学入学考试委员会（College Entrance Examination Board, CEEB），由5900多所学校、大专院校和其他教育机构组成。它提供的标准化考试SAT被高等教育机构用来测试学生的学术能力。总部位于纽约曼哈顿。除了管理考试测试外，大学理事会还会负责评估给贫困、少数民族中学生加分项目的工作。

3.2　州教育局

由于美国联邦政府教育部对各州的院校和教育没有任何实际的权力,所以具体的管理机构就落在了各州的教育局。因各个州的经济、财务、社会和文化状况不一样,各州施行的教育政策也各有不同。美国各州和地方政府对初等、中等教育的管理模式为:绝大多数州设有教育局,州教育局根据有关法规制定公立中小学教育政策,由州教育局局长及其下属的专业教育工作者和辅助人员贯彻执行。大体而言,美国各州政府对州内公立高等学校的规划、运行和体制等均有规范性的文件。州政府只是为高等院校的运行提供法律框架和指南,而各类高校自发形成的各种全国性、区域性或行业性组织,比如新英格兰学校联会(New England Association of Schools and Colleges)、各学科教师协会、各专业科目的协会、专业评估委员会以及高等教育协会等,对高等学校运行和体制规范起着非常重要的作用。美国州教育局是教育政策的制定者,但是具体的实施和解决则是由学区教育机构来承担,各州教育行政机关设有州职业教育审议机构,成员有民众代表、公立私立中小学代表、公立私立大专院校代表及政府官员代表。作为教育政策的制定者,州教育局的职责通常还包括:将州教育经费分拨给地方教育当局,执行或解释有关学校的法律,向地方教育行政部门提供咨询等。

3.3　学区教育管理部门

地方学区对教育的控制和管理机构是地方学校委员会，成员主要是由学区行政范围内的居民组成。委员会成员制定学校政策，进行当地教育财政预算，批准教育支出及学校组织形式，聘任教育教学人员。但是学区教育管理部门只管理公立学校，私立学校是不分任何学区的。在初等、中等教育的具体管理和运作中，地方学区起着非常重要的作用。目前美国各州都设有地方学区，主要负责公立中小学的设立和管理等。地方学区的领导成员通常包括5～8人，其中一部分成员由地方政府任命，其他成员则由当地居民选举产生。各学区领导成员所组成的学区教育委员会根据各州的政策等，监督地方教育行政管理部门及其工作人员来具体管理地方公立中小学教育，比如课程改革、上课时间以及家校联系，等等。

如前所述，美国的联邦制和教育财政制度也凸显了教育资源在各州各地区是极其不均衡的。每年，美国的权威教育刊物《教育周刊》(Education Week) 都会发布检查全美各州教育数据的"质量计数"报告（Quality Counts Report），该报告通过评估三个大类的指标：学校财政、学生成绩和环境因素，来确定各学校系统的实力。不同的州教育质量差别很大。州内不同的学区差别也非常大。我们知道，美国各州的公立学校教育资金跟所在区域的房地产税的数额是成正比的。相应的，学校资金充裕，则有财力提高教学质量。学校质量好，就会吸引高收入的家庭搬到这些学校周边居住，便形成了所谓的"好学区"。每年各学区会对所属学校的情况，包括学校环境、学生出勤率、学生会考成绩排名等发布相关报告。这份报告通常被家长用作评价学校好坏以及是否送孩子去这所学校上学的标准。在这种模式下，学区之间的教育质量差别就会很大，教育资源也会很不平衡。

3.4 大学教育管理

美国大学通常分为公立和私立大学。公立大学的管理体制主要由各州和地区负责。在过去，美国的公立大学通常得到各级政府财政的大力支持，政府的拨款也是公立大学主要的财政资源，但是由于各州的经济和财务状况不一，各级政府对公立大学的补助开始下降，一些公立大学陷入财政危机，所以一些公立大学则靠增加学杂费用、招收国际学生、申请慈善捐赠以及开展商业化社会服务项目等手段增加收入，以维持大学的运作和开销，但是也随之带来了一些平等和资源共享等问题。美国每个州都有自己的大学系统，有的是单一的实体，但是大多数则是由不同的校园和校区组成，即由本州的几所或十几所大学共同组成一个大学系统，系统内的各所大学、大学的高层管理人员和社会各界知名人士和财团机构的负责人组成自己独立的董事会，作为大学的管理机构。大学董事会对大学的战略发展、校长聘任、大型项目投资、协调各大学之间的有关标准与问题等具有决策权。大学体系内的每所大学的董事会成员人数不一。除了每所体系内的学校有自己的董事会之外，州大学的体系还有一个董事会作为大学体系的最高管理机构。比如加州大学体系，加州大学的董事会由 26 个人组成，其中18人由州长指定，服务期12年；1名加州大学学生，由董事会任命，服务期1年；还有7位董事分别为州长、副州长、议会发言人、州教育厅长、加州大学校友会会长和副会长、加州大学校长。另外，学术委员会主席、副主席也列席，但没有表决权。大学体系的董事会主要对大学的政策、学术项目、财政预算和学费标准制定等进行评审和管理。在很多州，公立大学的行政管理主要是由总校和分校负责的行政部门完成的。分校长是各自分校区的最高行政人员，管理本校区的日常工作，接受校长的领导并对其负责，但是通常而言，各分校的副校长一般只直接对董事会负责。为了便于更有效的管理，大学董事会以下又分为若干委员会，负责一些具体的事务，比如人力资源、学术发展、政府关系以及募捐等。

美国的私立大学在管理的层面上要简单很多。私立大学由学校董事会负责，董事会统筹和负责大学的全面发展，校长由董事会负责招聘，如果校长在管理过程中没有达到董事会的预期标准和要求，董事会可以随时解雇校长的职务。校长则负责招聘常务副校长以及分别主管科研、科技、资讯、外联、后勤、财务、行政、募捐、发展、设施的副校长以及院长、系主任。校长对董事会负责，拥有管理和指导学校一切事务的权利以及董事会所赋予的其他权利和义务。私立大学的副校长各司其职，管理自己的权限范围，并定期向校长汇报，所以私立大学的校长不必事无巨细或者事必躬亲地过问别的事情，而往往专注于两件大事：找钱（捐赠）和找人（招聘优秀师资人才）。为了更好地管理和运作，并提升大学的名望，美国的私立大学也成立一些委员会，比如大学的评议委员会、教师议会以及校长顾问委员会等。美国的大学推崇学术独立和自由，除非教师犯有严重错误，或者触犯法律，否则学校的任何行政人员包括校长都无权过问和干涉教师的教学与研究。由于目前美国的经济等因素的影响，美国的一些私立大学在财政上入不敷出或者陷入不小的经济危机，因此一些私立大学也开始招收大量的国际学生（大多数为中国学生，有的学校甚至有数千名中国学生），支撑学校的财政收入和运作。

3.5　学术认证机构

美国政府没有官方的认证机构，而是由专门的民间认证机构负责对大学的资格进行评审和认证。在美国建立一所学校可以直接向政府部门提出申请，进行注册，手续和程序都比较简单，但是认证却是保证教育质量的关键。经过认证的大学的教育质量具有可信度和保证。在美国的高等教育体系，公立和私立院校都需要依靠民间认证机构的认证，保证教育质量、学生利益和社会的需要。认证是美国高等教育质量保障的核心和必需过程。

美国具有高等教育认证资历的机构有数十个，一共有三类：第一类为区域性认证组织；第二类为全国性认证组织；第三类为高校专业性认证机构。区域性认证组织负责对教育机构或学校的整体认证，参与认证的院校大多数为非营利性并具有学位授予权的学校；全国性认证组织同样是负责对高校进行认证的机构，但所认证的学校大多数为盈利性高校；高校专业性认证机构主要对高校的特定专业进行认证。对美国高校而言，获得区域性的认证更具有权威。各个认证机构之间互无隶属关系，分别在各自的理事会领导下独立开展认证工作，高等教育院校需要提供相应的资料，即认证机构所制定的认证标准，使认证能够更加透明和公正。学校各部门也需要提供自我评估报告，认证机构会派出 3 ~ 5 人小组到学校进行实地考察、访问和面谈，确认学校提供的资料正确并符合相关程序。认证周期通常为 5 ~ 10 年，但是如果院校在后期的发展过程没有达到认证标准，那也可能失去资历。10 年之后，大学又要进行新一轮的认证和评估。认证机构对院校的认证通常包括五个主要方面：学术质量；责任；创新精神；合适和公正的决策评估程序；持续评估。此外，在一些特定的认证中，学生成绩、课程、师资、设施、财务和管理能力、学生服务、招生以及学位学分的管理等都会是认证所要求的条件之一，以确保认证的质量。

3.6　大学类别

　　美国一共有 4000 多所大学，一般分为四个主要类别：普通两年制的社区大学（Community College，不颁发正式学位，称为副学士学位），可以有机会转到四年制院校（本科或者研究型大学）；普通四年制的文理学院（Liberal Arts College，只提供本科学位）；理工和技术类的院校（Institute of Polytech）；研究型大学（University，除了提供本科学位之外，还可以提供硕士和博士学位）。

　　社区大学主要提供一般性和职业性的教育，学生学习完两年的教育之后，也可以有机会转到四年制的大学，甚至顶尖的大学。比如，以加州、纽约州为例，有两年制的社区学院系统、有颁发学士和硕士学位的加州和纽约州州立学院系统和颁发学士、硕士和博士学位的加州和纽约州大学系统。社区大学一般招收的都是本地居民，学校没有学生宿舍，学费也比较低，招生要求基本上是任何人都可以就读的，没有什么特别的标准，开设的课程也是为大众的需要，注重实践应用。四年制的文理学院入学要求比社区大学高很多，尤其是私立的文理学院。除了这四种主要类别的大学之外，美国的高等教育机构还包括专业学院（professional school），这类学校普遍只招收已经完成本科教育的毕业生，如医科、药剂、牙医、法律和工商管理等，这些院校的入学竞争也比较大。值得一提的是，在美国，有一些称为学院的大学也是一流的研究型大学，比如著名的美国麻省理工学院（MIT）、加州理工学院（CIT）和波士顿学院（Boston College）都是保持创校时的学院的名称，波士顿学院在美国社会和家庭的口碑远远超越于波士顿大学（Boston University）。中国学生和家长很多时候会被误导，认为学院与大学有很大的差距，但是在美国需要看学院的综合背景和学术能力。

值得一提的是，与中国高校不同的是，美国的大学没有特别指定或者认定的博士后站，也没有所谓的博士后导师，任何高校都可以是博士后研究和学习的基地，任何教师都可以是博士后指导。

美国的大学还通常有公立大学和私立大学之分。公立大学大多数是以州政府为主导力量，提供相应的资源来维持大学的运作。

公立大学的学费低廉，主要是为本州居民提供教育服务，对国际学生和外州的学生收取的费用就比较昂贵。美国联邦政府对高等教育的资助主要有两种方式：一般性拨款和竞争性科研拨款。对公立院校而言，联邦政府的资助是对州政府为主的财政资助的补贴。私立大学则是一些特定的私立机构建立的，比如，个人、家族、财团或者宗教团体，其主要资源来自校友、家长、财团和社会各机构的捐赠，以及学生的学费，因此大多数的私立院校的学费都比较昂贵。但是私立大学也接受来自联邦政府的研究资助，主要体现在科研拨款。相对而言，州立大学由于资源和师资以及学生人数众多等问题，教学质量远远比不上私立大学，但是也有不少资深的公立大学在美国高等教育领域名列前茅。对于中国学生而言，虽然报考私立大学竞争大、费用高，但是会受到相应的良好教育。公立大学人多资源少，一个班上都是几十上百的学生。而私立大学都是小班教学，一个班上通常就是15～25人（也有个别大班教学的课程），与学生和老师们的互动会更多，私立院校会更注重对学生个人的成长和关怀。

除了董事会之外，美国大学也设立学术评议会（也称为"教授会"）制度。美国大学是以校长为首的行政权力系统和以教师评议会为代表的学术权力系统，但是校长依然是大学的最高决策者，因为教务长以及所有院长，包括教授是否能够获得终身教职的最后决定权，依然在校长手中。虽然大学的学术事务和行政事务往往交织在一起，但一般需要通过行政系统去实行，校长和教务长则是协调、沟通学术系统和行政系统的重要枢纽。随着教授评议会在美国大学扮演越来越重要的角色，教师们在行政和学术决策的参与也越来越重要。在某些公立或者私立大学，如果教授评议会和教师们对某个校长的领导有反对或者投票要求校长下台，那校长则有可能失去职位。

4. 美国大学博雅教育的特点

4.1 美国大学博雅教育体制下的导师特色

博雅教育除了课程改革以及课堂教学之外，导师在课堂之外对学生的辅导也具有相当重要的作用。牛津、剑桥和哈佛等古老的欧美名校的学生辅导服务起源于导师制（advisor/mentor）。比如，剑桥的三一学院，就有超过 160 名导师和 600 多名本科生住在一起，这些导师大部分都是自己专业领域的优秀学者，他们也常常教授本科生课程。从学生被录取直至到学校报到后，学院通常会安排一位导师协助学生完成选课和专业发展计划。在过去数十年里，美国高等教育机构发展出学术指导导师体系，在博雅教育的发展过程中扮演了积极的作用。担任导师的人员不仅有资深和具有名望的教授，也有年轻的教师和研究生或者助教。他们通过自身的经验和知识，帮助培养学生独立思考、行事、处理问题和研究学问的能力，在师生之间进行自由平等的学术讨论和思想交流。而这些交流和互动，能够更弹性地帮助学生。导师的主要职责是在专业领域以及学生的学习和生活方面进行帮助和指导，潜移默化地影响学生，注重每一个学生发展自我价值感和责任心，以学生的成长为中心，鼓励他们毕生向成长开放。

除了教授型导师（faculty advisor）之外，美国大学还提供了其他多种类型的导师，为学生提供更加全面和有针对性的指导。这些导师包括职业咨询导师（career counselor）、学业导师（academic advisor）、心理咨询师（psychological counselor）以及健康服务中心等，他们通常有自己固定的办公室和固定的办公时间来辅导和服务学生。导师通常都是学校的全职工作人员，具有专业的素养、知识和资历，以及丰富的经验，来帮助学生的发展和成长。学生们在与这些在各自领域具备丰富经验的专业人士的交流中得到更多的资讯和成长智慧。美国高校的博雅教育的目标并不是把大学教育仅仅局限在课堂中进行，而且需要在日常生活中润物细无声地影响学生的成长，把学生培养成对社会和他人有奉献和尽职精神的有教养的公民。导师制不仅使许多美国高校的导师们树立起更好地培养有抱负的学者的信念，也使学生们的学习态度产生了巨大的变化，极大地提高了学习成绩和能力。以哈佛大学和波士顿学院为例，他们认为大学第一年是从高中生活过渡到大学生活的关键时期，因此需要全方位地考虑学生的学业和个人的成长。新生办公室主任及其助理们负责新生第一年的学习和生活，并处理好如何与教师、导师和同学之间的关系，同时新生办公室主任也为学生提供学习和个人生活与发展的咨询。美国高校本科教育的精华当属该校的"住宿学院"（即我们通常称的学生宿舍），住宿学院里通常都会有一些教授和学者与学生们同住在一起。

耶鲁大学前校长里查德·莱文博士（Richard Levin）2010年指出，耶鲁最重要的教育精品是其住宿学院。为了使学生更好地融入校园生活，哈佛、耶鲁及波士顿学院等很多美国高校皆成立新生导师委员会，由数百名教师（资深与普通教师）、行政人员、资深员工、文理学院和专业学院的研究生组成。每一名新生都安排导师陪伴，并且在新生的住宿楼会安排资深的舍监来协助学生（舍监可以是学校的管理人员，也可以是研究生院的学生），大部分的舍监与学生住在一起，了解他们的需要。舍监有时候除了在新生学习、选课等方面给予指导外，也协同其他的辅导老师对学生的学习计划、专业发展进行帮助，同时对学生进行心理和情感等方面的辅导与引导，帮助他们培养健全的人格与心理，与别人和睦友善相处。同时，舍监也可以处理宿舍中的突发事件，比如学生生病、酗酒、吸毒或者其他事情等。除了舍监之外，有的美国高校在本科生的每幢宿舍楼都安排一名或者数名高级导师，高级导师在舍监和学院院长的指导下主要负责学生的学术和健康等方面的事物。除高级导师之外，本科生宿舍楼还安排若干名住宿或者非住宿的导师，他们一般是研究生或者资历较浅的教师，导师动员宿舍楼本科生组织和参与各种文化、课外活动，比如专题讨论和体育活动、戏剧、音乐、艺术和参与社会服务等，并向本科生提供咨询。一般而言，导师每周与每一位学生接触一次左右（有的两周一次），以谈心和聊天的方式讨论学生学习和生活的进展状况，并提供相应的指导。美国大部分私立高校希望通过导师制度，积极地影响学生，培养其健康的思想，使学生在身、心、灵和知识方面得到全面发展和成长。美国高校多年的导师制证明，导师制填补了博雅教育在课堂上的不足，在课堂之外继续博雅教育的理念、使命和特色。同时，美国大部分大学在导师带领和学校统一安排下,积极关注学生学习和生活的相关问题,辅导并鼓励学生在身、心、灵、心智、社会关系等方面平衡发展。服务的内容包括学习和个人问题咨询,中心也时常开办不同的研习班,比如人格培养、心理训练、社会关怀、压力管理以及论文与报告的写作要求和技巧。同时,大学的学生服务中心在导师带领下招募一些志愿者来一对一地辅导一些学生在课程和学习上的问题。

4.2 美国大学博雅教育的服务学习特色

教学、科研和服务社会是美国大学教育的三大核心。许多美国大学的高层管理人员认为,在全球化与国际化的发展过程中,学生不知不觉地受到功利主义、实用主义、物质主义和利己主义的影响,而忽略了作为公民的社会责任,因此,学校希图通过服务学习来培养学生的道德、社会责任和关怀他人的理念,并落实在具体的生活和学习中。

服务学习主要指的是对社会弱势群体及边缘人士的关注和照顾。美国大学许多博雅教育的课外活动一直将服务学习纳入学校教育一个重要部分,比如,波士顿学院的一门哲学课要求学生每周至少到附近的社区团体参加10个小时的服务活动,回来后再写一篇反思的作文,对照书本和生活中的问题进行整合和思考,帮助学生更深地认识自己和了解社会的各种具体问题。美国哲学家和教育家杜威就在20世纪初叶提出了"在做中学"的思想,在学习的过程中积累经验,进而找到解决问题的方法与途径。因为一个好的公民如果缺少社会关怀和责任,缺少对弱势群体的照顾,如果不能以实际行动来实践书本和课堂上所学习的知识，那就足以说明教育的问题出了偏差。所以，美国大学的博雅教育主管职能部门或者学生组织，常常会组织一些义卖、义捐活动来帮助其他贫困地区的儿童和青少年。每个学期学生要定期参加一些社区的服务，比如，到孤儿院、老人院服务，周末去儿童医院陪伴病童，帮助社区劳动，帮助慈善机构服务，等等。这些服务并非只是走马观花地走走过场，而是具有相当的工作量，并且要求学生以尽职的精神和态度来完成。服务学习是集学习、服务和教学相结合的独特方式，学校与社区或者其他正规机构保持长期稳定的联系，帮助学生将学习的教室系统地延伸到社区以及其他社会机构，学生在服务的过程中亲身去体会，不断观察和认识，不断进行自我发现和自我反思。除了知识和技能的获得外，服务性学习更强调价值观的养成和整合，通过反思自己的学习与服务的经历，培养他们终身的社会责任心与公民价值观、培养对他人的关怀感和同理心。服务性学习的社会关怀意识有效地把学生的知识获得和不断发展与丰富联系在一起。服务性学习的课程和意识与普通的社区服务或者志愿者工作并不等同，虽然有些内容有相似之处。

美国教育改革服务性学习联合会（Alliance Service-learning in Education Reform）认为社会关怀的服务性学习主要由以下几个部分组成：（一）准备过程——学生在学校和老师的帮助下在他们的社区中发现并制订适应社区需要的发展计划；（二）双向合作——来自于社区团体的学生与当地社区形成伙伴关系，共同解决社区的一些问题；（三）实际服务——学生落实有助于社区发展的服务性计划；（四）课程整合——学生为解决社区问题而运用在学校里所掌握和获得的知识与技能；（五）综合反思——学生在学校和老师的帮助下用一定的时间对所从事的社区服务性工作进行思考、讨论，并进行回顾、归纳、总结。自从 20 世纪 80 年代以后，社会关怀的服务性学习在美国得到大力推广、实施和逐步普及，各州的教育部门都在不断探索和研究适合本地区社会关怀的服务性学习。美国联邦政府 1990 年颁布的《国家和社区服务法案》(*National and Community Service Act of 1990*) 和 1993 年克林顿总统颁布的《全美服务信任法案》(*The National Service Trust Act of 1993*)，以法定的方式使学生的社会关怀服务性学习得到了肯定和认同。美国六大院校认证委员会也将学校的社会关怀服务性学习纳入考核的重要标准之一。目前美国各地公立和私立的大学都已逐步将社会关怀的服务性学习和经验纳入教师的教学和学校的管理课题当中。具有社会关怀特色的服务性学习方式为学生们和教职员工提供了一个更大的空间和脉络去反省学习、学生、学校和周边社会和团体的关系，帮助学生建立起一种负责的主人翁态度，公民的职责和权利的分配，并了解如何做人做事，为他们日后的择业和工作奠定一定的基础。通过社会服务，比如有的学生去贫困的非洲和亚洲一些国家参与的服务性学习的社会关怀经验让他们更加明白社会的不公，资源分配的严重不均并没有离他们很远，作为未来的世界公民或者团体领袖，他们又如何面对和处理这些问题。

当学生们经过社会关怀的服务性学习的锻炼和熏陶之后，他们学会了如何去洞察社会，关注社会的发展，以及社会问题比如贫穷问题、污染问题、健康问题、环保问题的根源。学生们在服务的过程中,也使自己的能力得到了锻炼,比如与老师、同学以及社区人士的沟通和合作,帮助他们了解一个社会的真实现状,以及如何去改变不好的现状等。社会关怀的服务性学习同时也培育了学生人饥己饥的同理心,对生命的敬重,以及人与人之间彼此依存的关系和实现自我价值的途径。正是在这种关怀他人、服务他人的教育终极目标之下,社会关怀的服务性学习帮助构建关心、诚实、公平、负责、尊重自己和他人的核心伦理。学生走出象牙塔,从服务学习中去了解哪些职业是自己喜欢的,或者哪些职业不适合自己,并培养自己分析和解决问题的能力。博雅教育中的服务学习特色也充分发扬了以学生和以人为中心的教育特色,促进教学、科研和社会服务为一体的大学教育理念。

4.3 美国大学的创新教育

美国的创新教育起源于文化传统。作为一个建国才200多年的国家,美国社会的一种核心文化是自主和创新。尽管美国的教育和社会体制存在不少弊端,但是它拥有高度的自主空间,鼓励学生的个性发展。

美国教育理念注重培养优秀的创新"领袖",教育的目的倾向于培育学生重视公众服务、拥有奉献社会的责任感和公益心。美国的家长也重视、鼓励及尊重孩子的兴趣和爱好,出人头地或者成名则是非重点要求。此外,美国社会的经济发展模式、不拘一格的人才选拔等也促进了创新发展。

美国大学的教学方法与体制也是创新发展的一个动力。美国的大学没有统一的教材和考试模式,教师拥有很大的自主权去决定自己的教材和教学方法。学校和教师的目标是不断挖掘学生的潜力,鼓励学生勇于尝试、独立思考,注重个性化和创造性思维能力的培养。教师通常扮演的是鼓励、引导和启发的角色,而非简单地传授知识。美国大学有一句谚语:"没有愚蠢的问题。"即使问题属于另类也被认真对待。比如在笔者学习和工作的哈佛大学与波士顿学院,教授们无论在教授本科或者研究生阶段都自然地将创新思维理念具体地落实到教学中,引导学生去反思,除了一些特别的科目外,一般不会直接提供答案和解决方案,而是更加注重分析和方法。在研讨过程中,教师们也经常会受到学生尖锐的质疑和批判,这样的互动让大家对问题的讨论更加清楚和明确,也会从中引导很多重要的思想火花。

美国教育很注重超越框架的思考,教育系统注重发掘学生的长处和潜能,鼓励实现创意,实践想法和理想。"脸谱"(Facebook)创始人马克·扎克伯格在就读哈佛本科时就与室友们一起投入创立人际网络网站("脸谱"的前身),进而放弃哈佛的学习而投身实现自己的理想与兴趣。

此外,在创新教育的过程中,教师的角色至关重要。创新教育的关键是教师。美国的教师由于从小就接受了创新思维和批判精神的培育,并且以专业的素养和职业精神面对神圣的教育,因此,培养学生的创新性和批判思维不仅是工作和使命,同时也已经融入生活和文化层面。事实上,美国社会的创新教育得益于拥有高素质、尽职精神和创新思维的教师们。一位老师,无论其教授什么课程,他都可以引导学生进入更深层次的创新思考和探索。

在博雅教育理念的推动下，美国大学的创新教育特别注重全人发展、知识的杰出、团队精神以及身心灵的平衡与整合。它将学术思想、人生追求，以及人格与伦理整合融为一体，帮助学生成长。同时，学生被正确引导去追求在一切层面的出类拔萃，发挥理性和心灵方面的种种优长，并为此做见证。上文谈及，博雅教育理念的一个显著特点便是，教育并非培养一大批社会精英，而是培养优秀的"领袖"，使他们能对他人产生积极良好的影响，献身于大众的利益、惠及他人。

美国的博雅教育目标也注重于培养学生以下几种特质：批判精神、沟通能力、创新思维、对价值的认知能力、伦理情操以及公民的责任。博雅教育课程主要涵盖三个主要领域：人文学科、社会科学、自然科学。美国博雅教育的核心是培养具有责任感和公民意识的人才。从《耶鲁报告》（1828年）到2007年哈佛大学博雅教育的改革，美国博雅教育的发展经过了几次重大的改变，但是都主要集中于教学方法的革新，培养学生的价值观和批判思维。虽然美国被视为博雅教育的大本营，但是美国的高校一直以来不得不回应来自学生和家长对功利教育越来越大的需求。人文学科的课程与应用性较强的课程之间的张力也越来越大，如商业管理、法律、医学等。同时，面对全球化的竞争，美国的不少高校也越来越受到教育市场化和商业化的影响，大学排名的压力也迫使很多原本注重于博雅教育的研究型大学再度将专业教育的成果作为获得大学排名的指标，从而使博雅教育成为边缘化的教育内容。美国教育家帕蒂·彼得森（Patti Peterson）指出，博雅教育不仅应该为学生提供广泛的科学、文化和社会知识等全面教育，还要帮助学生在其感兴趣的专业领域深入学习；博雅教育不仅要培养学生的社会责任感，还要让学生牢固并灵活掌握理论和实践技能，例如沟通能力、分析能力和解决问题的能力，以及将知识技能应用于现实世界的能力。在高等教育全球化和国际化的发展过程中，培养具有创新思维和社会责任感的公民和领袖是教育的一个核心目标。在高等教育日渐功利化和商业化的进程中，教育改革是否依然能秉持教育最基本的理念和价值观？过去多年来，虽然美国高等教育强大的资源和丰厚的学术背景一直引导着世界教育的潮流，但如何秉持美国高等院校悠久的博雅教育传统、培养卓越的跨学科综合型人才、培养具有批判精神、创新思维及社会责任的世界公民仍然是当前美国教育和社会各界面临的严峻挑战。

由于受到传统理念和教育模式的影响，中国学生通常以记忆和背诵来应付学习和考试，在教育过程中缺乏批判精神和创新思维的理念，老师成为教学中的权威，学生则只能按照老师的教学内容死记硬背才能获得优异的成绩，才能在高考中顺利地升入理想的大学。虽然目前中国很多高校开始推行自主招生，但是考试分数仍占有相当比例。在当前这种特殊的大环境和教育体制里，学生要面对一个日益多元化、全球化与国际化的社会，则对其适应、沟通和处理问题的能力提出了更高的要求。此外，不少学者也指出，很多专业化的学生比较缺乏自我发展、突破创新、批判精神、社会服务与关怀、人文修养等关键的综合素质。长久以来，中国的学校教育从小教导学生成为乖孩子。虽然中国学生在记忆、背诵和一些理工科技领域等方面出类拔萃，但是在创新思维和批判精神等方面却远远落后于很多国家的学生。简言之，学生们在做人和做事方面的能力仍需要不断地整合与提高。百年大计，教育为本。十年树木，百年树人。教育面向现代化、面向未来、面向世界以及与世界接轨的目标不仅仅是一种简单的口号和方向，而是一种在历史发展中需要不断思索的主题。今天，全球化的经济持续发展对世界教育，尤其是对中国教育的发展模式产生了巨大的影响和冲击。

中国学生到了美国大学课堂以后，即面对着接受博雅教育的挑战，很多中国学生依然保持着中国式的教育和思维模式，很少积极参与课堂讨论，也很少和老师互动，在小组报告的时候也不太容易表达自己的观点和立场，这些在很大程度上都抑制了学生的全面发展。有的学生只是被动地完成老师布置的课程任务或者考试计划，或者除了自己本身专业的知识以外，对于历史、政治、经济、法律、哲学、宗教、数学、音乐以及艺术等知识鲜有顾及，从而局限了自己的思维模式和视野。未来的社会，无论从事何种领域的工作，一定需要具有创新教育的基础，才能够成为一个好的社会公民，才能够创立一个美好的未来。事实上，中国学生来美国念书并不缺少语言能力和智力层次，而是缺少一种自信的表达，因而一定要充分展现出我们的文化自信，积极地融入和参与到创新教育的模式中来。

中国学生在美国高校读书常常注重于提高自己的分数，很多家长也注重孩子的考试成绩，虽然分数对于未来的学习与工作有相关的作用，但是在大学生活的四年时间里，很多东西可能比分数更为重要,未来的雇主或者研究生学院在招聘或招生的时候不仅仅是看学生的分数,也侧重于看学生的整体素质和人格、自我陈述、经历、活动以及推荐信等。大学博雅教育的各个组成部分——自然、人文和社会科学等可以帮助学生提高写作与沟通能力、批判性思维能力、创新思维能力、社会责任能力、专业知识能力以及道德素养能力,这些都是在大学四年生活中中国学生需要认真面对的课题。为此,中国学生在进入美国大学之后,不仅仅需要适应博雅教育的教学模式,也需要积极主动地和老师们互动、沟通和分享。此外,美国学校的教师则非常注重学生的个性发展,尊重学生的想法和观点。学校和老师经常会组织小型的研讨班,引导并激发学生大胆地表达自己的想法并捍卫自己的观点。老师也会积极地引导学生去建立独立的批判性和反省的思考习惯,而非一味地盲从教师。当学生拥有批判性的思维时,才能够不断地创新和进取。比如在写文章时,美国的教师会给予学生广阔的自由空间去发挥想象,只要观点有逻辑性和创新思维,并且能够有足够说服人的论点证明自己的立场,就是一篇优秀的文章。美国课堂一个很大的特色是学生的教学参与,帮助培养学生的创新发展。老师在上课的时候往往会提出一大堆的问题让学生回答和讨论,美国的教育体制很注重学生超越框架的思考(think outside the box),学校和老师在早期就通过交流和观察发现学生的长处和潜能,帮助他们将创意和想法变为现实,并积极鼓励和支持年轻人的创新思维,同时,一些弱势群体的学生也可以有同等的机会来展示和发展自己的潜能。学校的选拔制度不是唯分数而论,而是以多元和综合的方式来评估。

因此，无论老师教授的是什么课程，他们的教学方法、引导学生深入思考和分辨、培养学生的批判精神、伦理思考和社会责任精神并非仅仅局限于课程内容方面，而是整个人的培育和发展。哈佛、耶鲁以及其他大部分美国著名的研究型大学，其文理学院的教师或者来自于其他学院的教师定期教授本科生，而且都是由精于教学身负名望的教授来担任本科生教学，创造一个有利于教学和探讨的环境。所以，中国学生一定要善用美国高校的博雅教育模式全方位地充实自己。

博雅教育在全球各地的兴起与发展，比如在传统的美国、欧洲、亚洲、非洲、拉丁美洲等国家和地区，显示了世界各国教育机构和政府部门对博雅教育相当重视，也凸显了博雅教育对于培养未来高层次人才的重要性。美国的大多数院校在专业和职业培训的同时，也特别强调培养学生的人文素质、批判精神、创新能力、伦理道德、处理和解决问题的能力等综合素质的发展和引导，尤其在对课程的规划方面，跨学科的博雅教育几乎是很多大学的基本要求和必修课程，很多国家也开始在中学实施博雅教育的课程与理念。当然，由于受到传统专业教育的影响和市场就业的需要，不少人对于博雅教育的真正价值和意义还是抱有怀疑的态度，博雅教育在院校的实施也面临不少的挑战，比如学生、家长和教师的态度和观念的改变，课程的实施以及社会各界对博雅教育的重新认识等。不论是在经济、政治、文化、科学、人文等领域，大学的博雅教育都是一个讨论个人和团体基本问题的地方。因而，在人文教育理念下的教育责任不仅仅是传道授业，而且要解惑，帮助培养学生对己、对他人以及对宇宙万物的良心道德规则，培养他们健全的人格，实现天地人的和谐与共融。只有当学生具有这些特质的时候，社会才能真正持久地发展。即使学生获得了先进的科学技术，或者毕业于某个名校，或受教于某位名师，但是如果没有按照良知去做事做人、缺少社会关怀的情怀与胸襟，那么就是教育的失败，这也是教育工作者、家庭、学校和社会值得反思的地方。为此，博雅教育的目的在于塑造一个全人，一个在文化、科学、生活、道德、精神、良知、情感、理智等方面全面发展并追求生命终极价值和意义的人。

4.4 美国大学的全球化视野

在全球化和国际化的时代潮流中，美国大学的很多课程以多元为背景引导学生从全球化的角度思考并采取具体的行动，学生在一个开放的大学校园里与教授们以及不同专业的学生们一起探讨各种不同的课题，走出以欧美为中心的意识形态框架，让学生在成长、发展过程中对其他文明与种族以及文化有更加客观的认识和理解，从而增加了国际化和多元化之间的对话与交流。这其中也包括大量的学科交叉（interdisciplinary）互动等研讨活动。同时，培养学生国际化和全球化的思维与视野，也可以帮助学生认识到，我们所学到的知识和技能都是一种社会的产物。随着人的思维和观念的改变，知识的内涵也在不停地改变和转化，因而，每一位学生都需要保持着开放的思维去面对一个永续发展的社会。此外，保持全球性的思维和创新能力也是培养对不同民族和国家的利益的尊重，以及对整个人类和他人的关怀与爱。大学的教授们通常会避免引导学生接触主观、表面化、极端以及非理性、狭隘的社会和民族观点。当然,每一所大学都有其注重的教育理念和价值观,但是无可否认的是,大学的教育以及种种资源是为了培养未来具有伦理思想、批判精神、思辨能力和担负责任的世界公民,承担国运和民族运的优秀领导,这些未来的世界和团体领导需具有全球化视野和胸怀,才能够真正引导社会的发展与进步。

美国大学希望通过跨学科知识的教育,心智的陶成,培养具有批判精神、创新思维、伦理价值和社会责任的公民。学生需要在知识、心理、道德、人格以及情感方面得到整合,并希望通过教师和员工的教导和熏陶,帮助学生的全人发展。为了帮助学生达到身心灵的平衡和整合发展,学校规划出一套系统的教学和课程安排,即通过古典文学、修辞学、科学和哲学的系统训练,同时也设立演讲、作文和辩论的课程,并对每个学生因材施教,因人而异地进行关怀和辅导。在长期的教学经验中,学校探索出了一套广为人知的反省式教学法,即通过经验、反省和决定组成,并配合定期的评估。在课堂上,教师需要对学生及其文化背景有所了解(不涉及个人和家庭隐私问题),才能更好地因材施教。经验指的是教学和学生活动,并通过有价值和意义的反省,做出明智的决定,达到最好的教学效果。之后需要通过定期的评估来改进教学或者课程计划。课程的安排应当适合学生身心灵的良好发展,学生在学校不仅仅是学习知识和技能,而且也学会如何做一个善良和负责任的公民,因此,课程的设置应当是弹性的。此外,学生不能只是被动地听课,教师和学校管理人员需要鼓励并协助学生主动积极参与课堂的讨论与活动,培养学生的批判精神和创新思维。每一个学生都是不同的个体，学校需要针对学生的特点进行培育，比如，对以文学为主的学生，学校和教师需要安排足够的时间帮助他们的作文和演讲；对于学习哲学的学生，则需要常常练习辩论课程。同时，学校还特别强调对每一个学生的个别关怀（curapersonalis），帮助每个学生按照自己的特长、个性和能够得到最好的发展和整合。

由此，在美国的大学里，通过各种学术的资源、国际交流和分享、跨国教育服务、双学位、海外分校以及全球网络教育平台等，培养学生思考与逻辑的能力，清晰明了地表达自己的观点和思想，具有批判性的思维（思辨能力，有深度和广度），具有全球化视野，在专业方面有所建树，思考和分辨道德和伦理问题，促进社会公平与正义等，都是美国大学特别注重的。当然，由于美国拥有众多的大学，公立和私立等院校的程度也各不相同，每个学校对于学生的培养和教育理念各有不同的方式，结果也不一样。

5. 美国大学如何善用捐赠

在美国高等教育的发展过程中，尤其是私立教育体系中，除了学费之外，学校主要靠校友和社会捐赠来保障学校的正常运作以及教育和研究经费的支出，很多美国大学的研究经费大部分也是依赖于校友及社会各界的捐赠和资助。事实上美国的捐赠文化不仅仅存在于某所高校，而是成为美国公立和私立高等教育及社会的一种文化传统和风气。

5.1 捐赠人的意向不容更改

不可否认,向高校捐款确实可以名利双收,比如具有免税的便利、获得社会名誉称号、学校以捐赠人的名义或者意向来命名某座建筑或者相关机构、高校在招生时也会对大额捐赠人的亲属和后代有优先考虑。富豪们相信这些高校具有足够的能力和资源帮助他们去实现捐赠的初衷和梦想,正如香港恒隆集团董事陈乐宗为哈佛公共卫生学院捐赠巨款后,在接受哈佛校报采访时谈道:"为了继续我母亲在公共卫生事业的工作,以及我父亲在教育事业上的专注,我和兄弟们认为最好的方式就是为哈佛公共卫生学院捐款。"

陈乐宗本人不仅长期向自己的母校哈佛大学捐赠,而且还一直承担为母校募款的职责。他说:"无论你捐哪一所美国大学,都有相当的信心这个钱不会乱花。法律的制约,还有民间的风气都是保障。"所以捐款人在捐赠给学校的时候,他们相信所捐赠的钱和资产不会被贪污、腐化、滥用和浪费,而且学校会按照捐款人的意向合理地安排和分配。学校与捐款人之间的相互信任,也促成了美国私立高等院校的繁荣发展。

美国高校对所有捐赠都具有非常透明、严格和系统的管理方法。任何捐赠都必须专款专用,除非获得捐赠人的同意,否则学校不能更改捐赠的意向。比如在20世纪60年代某家族基金向普林斯顿大学捐赠一笔丰厚的基金,用于培养在美国政府做外交的人才,但是后来该家族却发现学校并没有按照捐赠的意向去做,最后导致普林斯顿大学吃上官司。美国私立大学的财务通常而言相当透明,大学作为非营利性的机构,所有资金的运作等都需要透明地展现,而且获得学校董事会的表决同意,比如,学费的增长、招生制度、奖学金的分配、课程改革、基建、基金的运用,等等。美国大学的捐赠基金以公司的模式来运作,普通的财务方面则通过学校的董事会、董事会之下的各个委员会以及学校管理层等来运作。

  董事会一般每季度召开一次会议,评估和制定学校的总体安排和计划,以及制定各种政策,这些政策包括捐赠基金、项目、投资、组织程序、财务状态、审计等。在每一个学年结束之前,美国高校的捐赠基金管理委员会和大学的一些相关机构都会要求学校各职能部门(比如各个院系等)向大学捐赠基金委员会和大学的主管部门,提供一份详细的学生受助名单(包括学生的年龄、性别、专业、毕业时间、收到的基金数目、成绩、学生的学习感受、奖学金/基金对于他们的影响等)和受到资助的研究报告和财务报告,同时也要求院系负责人写一份有关院系该年度发展的详细报告。大学捐赠基金委员会将资料汇集在一起,向捐赠人或者机构提供详细的年度审计报告,以此显示捐款的透明、公正和实际用途。

  一些捐赠人或者机构在捐赠的时候对基金的安排都有详细配额和规定,比如每年帮助多少亚裔、非裔、拉美裔(西裔)、女性、家庭第一代大学生或者残障人士等,学校通常会按照要求去完成,以满足捐赠人或机构的意向和要求。比如,陈乐宗兄弟对哈佛公共卫生学院的捐赠主要用于对全球流行病的研究以及应对措施,并希望这笔款项能帮助哈佛公卫学院的教授们进行尖端研究,这一长期的研究过程则需要具有透明的制度才能保证资金的合理分配。哈佛公共卫生学院院长朱利奥·弗朗克称这笔捐赠将帮助扩大该学院的研究计划和学生资助,也将帮助发现和推动应对全球四大健康威胁(流行病、环境污染、贫穷,以及源于战争和暴力的人道主义危机及无效率的卫生体系)的解决方案。因而,严格、透明和务实的运用资金才会获得长久的支持。

5.2 专业管理公司为基金创收

由于美国高校的基金运作通常都是由独立和专业的机构来管理,并且仿照企业的运作模式进行投资,使捐赠基金能得到最有效的管理并且获得最丰厚的回报。美国的私立高校都成立了自己专门的管理机构来运作和管理学校的捐赠基金,通过基金的方式,大学把捐赠集合在一起进行投资,而且都是由投资界的精英和专业人士来管理,比如任职于银行、投资公司、基金公司以及资产管理公司的人士,同时也聘请了校外的投资专家作为捐赠基金委员会的顾问等,以保证学校的捐赠投资获得最大的回报。

由于大学是免税机构,大学不仅享受捐赠财产的免税政策,而且还建立了免税的盈利性基金投资公司。以哈佛大学为例,哈佛大学自1636年创始以来便保持有捐赠基金。1974年,哈佛大学成立了哈佛管理公司来管理哈佛的捐赠基金以及相关的财务事务,其主要目标是为哈佛大学创收更多的投资回报以帮助哈佛的教育与研究的使命。哈佛管理公司主要负责哈佛大学捐赠基金、退休养老基金、运营基金以及其他相关财务,其组织和管理模式分为:

哈佛大学董事会—哈佛管理公司董事会—哈佛管理公司总裁。总裁之下由不同的部门各司其职，包括捐赠与信托、投资组合分析、投资管理、风险管理以及首席运营，其中投资管理又分为内部投资平台和外部投资平台。

  哈佛管理公司按照普通的投资公司模式来运作，由哈佛管理公司董事会负责领导，董事会的13名成员由哈佛大学资深的管理人士和外界投资专家组成。哈佛管理公司董事会每季度定期召开一次会议，讨论和评估投资政策、风险预测指数、实行新的投资计划、审查基金业绩等。哈佛管理公司的投资也涉及很广，包括实质资产、股票、固定收入、权益证券、基金以及现金等。哈佛管理公司主要经营和管理哈佛大学60%的捐赠基金，其余的40%则交由具有良好信誉和资历的外部理财机构操作经营。哈佛管理公司的经营目标，一如大多数的美国私立高校一样，遵循基本的理财蓝图，比如：专注和保持长期的投资业绩；在市场不佳的状态下，积极寻求可能获得更高回报的投资机会；分散投资以降低风险而获得更多回报；为哈佛大学的教育、研究和日常运作提供经费。同时，为了使大学的教育、研究和运作正常发展，避免由于市场发展带来的投资风险，美国很多私立高校的捐赠管理公司都保持资金的流动性来积累基金，并且通过和社会各界以及校友、家长等保持密切的联系，促进和鼓励他们继续保持甚至增加捐赠。同时，美国高校的捐赠基金管理公司也将捐赠投资收益的一定配额增加到捐赠基金，以使捐赠基金得以不断增加。

5.3 独立机构审计基金管理

为了使捐赠基金的管理更具有透明、公开和合理合法性,以及避免被滥用,美国各高校基金管理委员会或者基金管理公司的负责人每学年都会向大学董事会以及学校主管部门提供一份非常详细的投资和业绩报告,所有的报告都是公开和透明的。美国大学的内部审计委员会对基金的管理和投资可以在任何时候进行独立的审计,审计委员会是直接隶属于校长办公室的独立机构,直接对校长或者行政副校长负责,以确保审计的公正性、透明性和客观性。此外,高校或者基金管理公司有时候也会聘请外部的专业审计机构来审计捐赠基金的投资和安排,以避免和杜绝资金滥用的问题。联邦政府和州政府以及地方税务局也具有对高校基金管理公司直接审计的权力,以防止有的基金管理公司涉及洗钱或者帮助他人逃税。

同时,大学也会非常清楚地对外公布详细账目,使捐赠基金的使用更加透明化、制度化和规范化,按照严格的监督和管理机制,尊重捐款人的意向,定期向捐赠人和机构提交报告,以赢得捐赠人的信任和支持。所有这些方法基本排除了基金被滥用的可能性。基金管理公司或者高校行政部门也非常清楚,一旦基金被滥用,他们不仅自己受到名誉和官司的影响,而且将导致校友和社会其他各界对学校的严重不信任,从而减少捐赠收入。

二、美国大学的学习经验

1. **美国大学的新生导航（freshmen orientation）活动**

　　不管对美国本地学生还是国际学生而言，从中学到大学的转变都会带来很大的挑战和重新适应，这些改变不只是有关学习内容、方法以及师生关系的改变，还有在文化、生活以及社交方式等诸多方面的改变。比如在中学时代，教师们可能会有更多的时间帮助学生的学习和关注回应学生的需要，中学时代的同学和朋友可能都是近邻或者比较熟识的人。但是到了大学以后，同学们来自于全国或世界各地，一般而言，大学的教授们很少像高中时代的教师们那样关注每个学生的发展和成长，除非是学生主动请教老师，否则大学的教师们不会主动过问学生对学习和生活是否有问题（在课堂上除外）。因为大学的教师们认为，学生们已经成年了，去请教老师那应该是学生的责任和义务，而非老师去一个一个地问学生是否需要帮助。为了让学生尽快适应大学的生活和学习，美国的各个大学每年都会组织数次大学生活的新生导航。

　　美国大学的"新生导航"活动类似于我国高校的新生入学迎新活动，但是比迎新活动更为具体详细。新生导航活动的对象不仅是学生，也包括学生父母，活动的参与者包括学校的高层管理人员、专职的项目导师、各部门的一些员工和主管，同时也包括很多学生领导参与导航活动，分享自己在大学的经验，帮助新生和家长们更加熟悉与适应学校的环境。

新生导航活动通常分为两个主要部分：录取前与录取后。大多数美国高校截止录取的最后日期是每年的 5 月 1 日（除了提前录取的部分学生之外）。因此，从 3 月份开始，很多学校便开始向已经被录取的学生们开展导航活动，以帮助尚未最后做出决定的学生和家长们了解学校。比如，组织校园参观和讲解、小组讨论、校园以及读书生活、校园开放日，同时也让学校的员工、教师和学长们与新生和家长们谈话，分享大学生活的经验。

当学生在每年的 5 月 1 日之前被正式录取而且也同意去意向的学校后，美国高校会在暑假期间开始新一轮的新生导航活动。新生导航活动一般包括三天（家长也会受邀参加，但是活动内容有所不同）。"新生导航活动"是美国高校最主要的迎新活动。被高校录取的学生，会收到从学校寄来的"套餐"（包含活动时间安排、课程介绍、学院概况、学校概况、导师介绍等相关信息），同时也要求必须在开学之前按照自己的时间安排参加其中一个新生导航活动。

"新生导航活动"包含学校各个部门组织的活动，内容包括网络信息、校园生活、校园安全、专业选择、课程选择、教师教学经验分享、学长分享、如何缴费、家庭和家长们担当的角色、公寓生活、周边环境、购物指南、学生事务管理遇到的问题、校园兼职、奖学金和补助、学习生活中常见的挑战以及如何寻求帮助、学校的学习和辅助资源等，内容可谓面面俱到。此外，学校还会给每一位新生安排一位资深的新生顾问老师（first-year advisor），通常是由资深的教师或者员工担任，帮助学生选课，解答学生问题，陪伴学生尽快融入和适应新的大学生活。由于国际学生不便参加更早的新生导航活动，所以大多数的国际学生都参加最后一批次（一般在8月中下旬）的新生导航活动。新生导航活动可以帮助新生对学校的学习和生活有更深的了解，知道从何处获得所需要的帮助，以期能够更好地适应新的校园学术、社会和文化生活。

2. 如何选择专业

很多中国学生到了美国大学以后，在家长们或者他人的影响之下，都急于选择和决定自己的专业志愿（很多选择数学、金融、财务、计算机、电脑科学、工程、经济以及工商管理等，选择人文学科的学生较少），但是大多数美国学校不赞成学生一到大学就选择自己的专业。大学第一和第二年提供的优秀的通识或者博雅教育课程的目标之一就是给学生们提供较长的时间去思考未来的兴趣和职业发展的方向，同时鼓励学生们相互探讨自己的潜能和真正的兴趣爱好，更多地认识和了解自己，慢慢地找到自己的方向和目标。事实上，一个刚刚进入大学生活的学生才十七八岁，尚不能成熟和理智地去分辨和选择自己喜欢的专业或者爱好，而大一和大二的一些基本课程和博雅教育就是为学生的自我认知和发展奠定基础，而非只是定格于选择一种谋生的职业或者技能。

中国学生在与同学和校友的一些常规的交流和互动中，可以帮助自己更多了解自己的个性、爱好、社会发展、工作走向等，从而在选择专业和志愿的时候能够更清楚地明了自己的未来规划，而不盲从于别人的建议或者潮流的影响，自己喜欢的就是最适合自己的，即使别人认为是冷门的专业也会有很好的发展空间和前景。即使自己所选择的专业不是非常时髦和流行，或者找工作不是那么的对口，但是依然可以以不同的方式实现自己的目标和人生价值。事实上，只有当学生选择了自己喜欢的专业和主修的科目时，他才会有兴趣去研究和学习，也会积极做好未来的人生职业规划。很多时候，中国学生选择专业的时候常常着眼于找工作、考研或者未来的收入考虑，这些考虑并没有错或者有什么问题，但是有点急功近利的倾向。事实上，要判断如何选择自己的专业和发展，需要较长时间分辨和思考才能做出妥善的决定。自己对什么感兴趣、自己的长远追求是什么、自己的未来目标和终极价值是什么，都需要一个比较长期的过程才能够最后决定。学生在选择专业的时候一定要问自己，我对此专业是否有真正的兴趣和激情，而不是父母要我选择这样的专业，否则自己就是赶鸭子上架。中国父母们在给孩子们建议选择专业的时候，不要将自己的价值观、事业观或者愿望强加于孩子，不要将自己认为适合子女但是事实上不适合他们的职业和生活强加于孩子，而是和孩子一起去寻找和分辨什么是更适合孩子兴趣和发展的专业，即使这个专业不是热门，但是只要孩子喜欢、有兴趣和激情，也可以在这个领域有所成就。流行与冷门，好与不好的专业，只能根据学生的兴趣、爱好、个性和天赋才有真正的价值和意义。否则孩子的能力、激情与兴趣没有得到健康的发展，只能让生活、学习和未来更加暗淡。

　　在选择专业的过程中，一个很有帮助的方法是多参加学校的社团活动或者其他活动。美国很多大学尤其是文理学院都是住宿制的，所以相对而言在校园里或者校外常常会有不同的社团活动。中国学生初来乍到，可以通过参加社团活动认识不同背景、兴趣和爱好的同学，也可以通过参加社团来扩展自己的业余爱好和知识，同时也可以将自己所学的技能与他人分享。无论是文科专业或者理科专业的学生，都可以通过参加社团活动来调整自己的学习和生活。社团如同一个小小的世界，在社团里和一些志同道合的同学在一起学习和讨论共同的话题，对于学习和未来专业的全面发展具有很大的作用。有的学生对各种活动都有兴趣，希望参加多个社团，但是参加社团不宜过多，一般一个社团就够了。有的学生可能有多种爱好，但是也没有必要参加数个社团，以免影响学习。事实证明，很多参加社团活动的学生，尤其是大一的新生，都得到了很多课堂内无法获得的知识和经验。他们从别人的分享和故事中了解到更多的经验和知识，而且在专业选择和人际关系交往方面也有很大的进展和自信，同时对美国的文化和社会传统也有更多的认识。参加社团也是一个接触不同人士的机会，了解他们的故事、文化和生活，并同时要求自己走出自我的圈子，结交一些优秀的志同道合的同学和朋友，同时也学会去欣赏、接纳、包容一个与自己文化和生活完全不一样的世界，让自己的人生视野更加开阔，对于学生的全面成长和发展具有重要的意义。

　　建立课堂内外的人际交往和活动是学生走向一个多元文化的开始，尤其是对大一的新生。比如，很多中国的学生来到美国的学校以后，还是更倾向于与中国学生在一起活动，忽略了与当地美国学生或者来自于其他国家的国际学生交流，从而局限了自己的生活、学习及活动范围和圈子。一如中国一样，美国是一个非常讲究人际关系和关系网的社会，尤其是校友网的关系。如果在大学期间结交当地一些素质不错的学生，并且和他们建立良好的友谊，对于在美国的生活和学习都会有很大的帮助。美国很多著名的高校通常都拥有自己强大的校友资源网，可以帮助在校生找工作和实习的机会。虽然在大学生活中拥有不同的文化和生活习惯，但是中国学生要学会和不同文化背景的人打交道，至于交往的深浅如何，就要看每个人的兴趣和特点。

美国是一个移民社会和国家，固然在刚刚开始的时候不太容易融入其中，但是随着时间的推移，慢慢地建立自己的同学和朋友圈子，通过社团活动、学校举办的活动，或者同学的介绍等，逐步让自己走出自我的小圈子，建立更大的资源和网络。笔者经常给中国学生开玩笑说，美国本地的学生除了英文比我们中国学生讲得更快更通顺之外，中国学生也并不比他们差。中国学生需要建立自己的自信和开放的心态，去接受、认识和欣赏一个与自己文化、习俗和传统等不同的社会。

上文也谈到，在参加课外和社团活动的同时，学生也可以逐步了解自己内心的走向，自己热爱的是什么，如此，在选择专业和兴趣的时候，学生可以自由地选择自己喜欢和愿意去做的事情。实际上，每一个专业和志愿都有发展和创业的空间，一步一步去实现自己的梦想，而不需要落入俗套，一定要走别人走的道路。事实上，很多美国的本地学生并不热衷于选择金融、电脑科学、工程或者医学等,而是选择文学、历史、政治、经济、法律等专业。但是无论在选择何种专业的时候,一定要选择自己真正有兴趣和爱好的专业,无论是人文专业还是其他的专业,并逐渐在学习和成长过程中培养自己自由的精神、公民的责任和远大的理想,为自己和他人的终身学习打下坚实的基础。

此外,中国学生在选择专业的时候,往往会受到父母的态度的影响,或者直接受命于父母。很多家长在不知不觉或者有知有觉中,把自己的价值观以及世界观带给了孩子,从而让孩子事无巨细地接受父母的思维熏陶。学什么专业、选什么学校、找什么工作、读研究生还是工作等都受到家长的影响。但是学生自己本人一定要知道自己想要的是什么、喜欢的是什么,这样才能够有长远的发展和方向,否则依然茫然地寻找未来的方向。因此,中国学生刚刚到美国大学开始本科教育的时候,不要千篇一律地立即确定自己的志愿和专业,尽量给自己一年左右的缓冲和思考阶段,再确定专业志愿。美国的大学一般是学生大三才确定自己的专业志愿,所以在大一和大二期间,除了修读一些核心课程、主修课程和选修课程之外,也有更多的时间思考自己的专业和兴趣发展以及社会的变化。美国大学提供的博雅教育课程不仅可以更好地帮助学生如何做人做事,而且可以通过接触不同学科和领域的知识,促进学生更全面的发展。

在选择专业志愿的时候,如果自己不是非常清楚未来的爱好和规划,可以多和自己的辅导老师/导师、大学的就业辅导中心、大学各个领域的辅导部门交流,与大学不同的人士接触,聆听他们的见解和经验,这些都会对自己的专业选择和发展带来积极的作用。因而，当学生到了大学之后，先上一些基本课程，随着学生心智的成熟和外观环境的影响，经过分辨之后，逐步找到自己的兴趣和爱好，然后做出一些决定，这样对未来的职业和事业发展，以及进一步的学习和研究奠定丰厚的基础。不少中国学生都喜欢选双专业，或者一个主修一个副修，认为这样找工作容易一些。在选择双专业的时候，学生可以先了解一下这两门专业是否有一些课的学分可以相互承认，这样就可以少修一些学分，获得两个学位，既省钱又省事。此外，选择双学位/专业的时候一定要慎重思考再做决定，这些专业是自己喜欢的呢，还是为了未来好找工作，或者看到别人选这些流行的专业，自己也不甘落后于别人，但是到了最后却是自己不喜欢的。事实上，选择双专业并不意味着对未来的就业或者考研发展有更多的便利，学生需要慎重考虑这些所选的专业真的是自己喜欢的，否则效果并不明显。美国本科阶段的专业课程一般都在 9～10 门之间，其余的都是核心课程和选修课程，所以在本科阶段的专业课程都是一些基础，只有在研究生阶段才会学得更深更专业。所以，中国学生在选择自己的专业的时候，一定要自由地探索自己的潜能、自由地选择学习的方向、自由地追求自己的激情与理想，定下远大的目标，理性地选择适合的专业，避免只是为了工作而工作的功利主义倾向。

3. 如何选课

如何选课这个话题无论对本地学生还是对国际学生而言都不

是那么容易的。大学四年之后，为什么有不少同学认为自己度过了最有意义和丰富的四年本科生活，而有的则觉得自己还是一无所获或者未能达到自己预期的目标和计划。学校和学生如何能够更好地利用各种资源帮助学生实现他们的梦想和目标，学生自己是否已经在心理上准备好了大学生活，这些都是学生、学校和家长们关注的话题。事实上，即使对美国学生而言，大学生活之初都会遇到很多挑战和不适应，一个从温暖的西海岸到寒冷的东海岸，或者从偏远的中部到南部求学的美国学生也要遇到文化、习俗、气候、食物和地方传统差异的影响，一个来自于美国中南部农村到纽约大都会求学的学生也会茫然和迷失。所以中外学生在进入大学生活之始，遇到的一些挑战是相似的。

如何更好地帮助这些新生更快更好地适应大学生活，如何更好地提升学生在校生活的质量，尤其是在一个日渐多元化、国际化和全球化的现代校园里，是很多美国高等院校在不断思考和改进的一个话题。当然，不可否认的是，中国学生到了美国校园以后面对的挑战会比当地的学生更多。

数年前，当笔者应邀参加一个国际教育研讨会的时候，一位资深的演讲人员向与会者特别提到一个问题：辅导老师、教授、院长乃至校长在塑造大学生的整体生活和发展中，具有哪些重要的责任？这些责任如何更好地帮助学生在大学的四年生活中平稳地度过？这些问题一直到今天仍然是笔者在不断思考和改进的地方。如何更好地帮助本国和国际学生尽快地适应大学生活是大学教授、辅导老师以及行政人员需要面对和解决的一个重要课题。

对于刚刚进入美国大学生活的中国学生而言，选课是学生们也是家长们最为关心或者有点头疼的一个问题。很多家长担心孩子们的专业选课该如何安排，或者如何选修别的课程。国际学生在开学之前，必须要参加由学校组织的新生迎新活动。迎新活动包括很多不同的安排和活动，其中一项就是如何选课，并且在导师和学校的帮助下，在开学前会选好所修的课程。通常新生都会有专门的辅导老师帮助选课，但是每一个学生的情况和要求差异很大。

中国学生在选课时可以从以下几个方面准备：

选课之前：在和学术辅导老师见面探讨选课之前，可以准备以下功课：

（一）哪些是你喜欢上的课程，学生可以准备两三个选课的计划。假如在选课的时候，如果你没有选到自己最喜欢的课程，至少有后备计划。

（二）可以多了解一下有关课程和主修的一些问题。

（三）学生需要对自己有一个长远的学业计划。美国的大学本科一般是念完120个左右的学分就可以毕业，所以每个学期的平均学分大概就是15个左右。

（四）了解学校本学期所开的课程内容，如果对某门课有兴趣，可以进一步了解。大一第一个学期初来乍到，不太可能一下就了解很清楚，但是开学后的第一、第二周可以通过一些学长和学姐们了解一下授课老师的情况，比如脾气、教学要求（也可以从发给学生的教学大纲了解）、考试要求、评分情况，等等。也可以查询教授评级网站，选那些评级较高的教授，对自己的学习会有很大的帮助。此外，很多美国高校的中国学生会在每新学年开学前几月或者几周，都会通过网上平台或者微信群在线给新生和家长讲解和分享选课以及在美读书的一些经验与生活技巧，新生家长和新生本人可以多留意一下相关的信息，或者可以通过微信和网络平台征询学姐和学长们的建议。

（五）作为第一年的学生，不需要急于对未来的专业和职业发展有具体的规划，但是至少有一些方向和概念，这样在选课的时候，可以和辅导老师分享和讨论。在和辅导老师谈话和见面之前，了解一下自己的兴趣和爱好，以及四年大学生活之后你想成为哪类行业的人士，以帮助你选课的时候选择相关的课程。

核心课程要求：除了主修和选修课程之外，美国每所大学基本上都会要求学生在刚刚开始时修读一些核心课程（即我们常常谈到的博雅教育课程，通常是45～48个学分，根据每个学校的要求而有所不同）。这些课程通常包括英语写作、文学、历史、自然科学、社会科学、科学、艺术、哲学，等等。

核心课程可以帮助你决定你未来主修专业或者较长远的兴趣，但是核心课程的主要目的是加深和提高学生的综合程度和世界视野，培养学生的批判思维、创新意识、社会关怀、自我认识、伦理道德等。对核心课程的要求的了解可以帮助你在选课的时候和辅导讨论哪门课程更适合你的需要和兴趣。以下的几个问题可以帮助你思考：

（一）我了解核心课程的要求吗？

（二）我需要先修哪些核心课程？

（三）如果你上过AP或者IB之类的课程，你可以和辅导老师讨论哪些AP或者IB可以代替核心课程。

课程注册：在注册之前，需要看看所选的课程是否有讨论小组（discussion group）的要求，如果有，你需要考虑是否有必要分别注册。如果同样的课程由不同的老师讲授，可以先了解一下这些教授的不同之处是什么，他们的态度如何，阅读要求如何，课程讲解的如何等（这方面如果有学长学姐们上过某些教授的课程后，可以向他们征求一些建议）。

平衡选课：选课时需要合理平衡人文和科学的课程要求，如果多选择人文方面的功课，阅读量可能会很大，写作功课也很多，从而造成学习上的压力。选课的时候，可以尽量平衡自己的爱好和未来可能选择的专业方面需要的课程，虽然有时候不太容易两者兼具，但是刚开始选课的时候，不要常常以未来就业为标准，毕竟大学生活除了为就业和工作准备之外，还有很多不同的生活层面。每个学期要平衡文理课程，避免一次性选修大量阅读和写作的课程（文学、历史、经济、社会学等），也要选一些别的课程（数学、生物、化学、物理）。刚开始时，很多老师一般都会建议学生选一门数学课、一门文学课（写作课），一门历史或者经济课，一门科学课，一门专业课。有的老师也会根据学生的具体程度，而适当地做出选课的调整。由于电脑安排的随机选课时段不一样，后选的学生不容易选到自己喜欢以及时间安排方便的课程。遇到这种情况的时候，可以给院系或者教授写信，加在候补名单（wait list）上，因为开学后有的同学因为种种原因不来上课，有了空缺之后，院系或者教授就会将你加上去。在加上wait list之后，可以继续给教授写信，找一些合适的理由，比如这门课对你的研究的重要性，或者主修时需要的基础课等，看看教授有没有可能顾及（override）到你，允许你上他们的课。大部分教授们一般还是很通情达理的，如果教室里有足够的座位，他们还是会同意学生上他们的课程。

课外活动：在选课的时候，有的辅导老师可能会建议你参加一些课外活动以帮助你培养学业发展或者长远的兴趣规划。你也可以问你的辅导老师以下问题：

（一）哪些课外活动针对学业的发展和爱好？

（二）有哪些非学术性的课外活动可以参加？

（三）学校的哪些实习计划和安排可以帮助找到自己的兴趣？

（四）选择参加课外活动的时候，要多了解一下活动的时间安排和内容，有的活动会特别花费时间而影响自己的学习。

主修课程：如果学生本人对自己的主修专业比较清楚，或者已经决定了主修方向，就可以和辅导老师讨论以下话题：

（一）这门主修专业有哪些要求？

（二）应该按照什么顺序（时间先后）来选必修课？

（三）如何甄选、改变主修专业？

（四）如何选择副修专业？副修的要求是什么？

大多数中国学生由于刚到美国人生地不熟，加上需要语言和教学模式的适应过程，如何恰当选课，将会直接影响到学习的效率和成果。因此，第一学期选课时，在辅导老师的帮助下，一定要多加考虑，细心选择，最好是选择一些难度不大而且又是自己喜欢的课程，这样可以保证学习的质量，同时也为以后修读其他课程打好基础。一般而言，大多数学生每个学期都选五门课，国际学生必须要修读至少12个学分（四门课）才能保持学生身份和签证的合法性，但是在一些特定的情况下（比如生病、家庭特殊情况、课程选错等），学校的国际办公室也特准国际学生修读少于 12 个学分。第一个学期，不建议学生选择六门课程，学生不需要急于一时，选修太多课程，课业繁重增加自己的压力。如果学生选的课程比较重，中途觉得难度大，也可以退课，如果学分不够的话，暑假修课或者下个学期将学分补上，也不会影响学习和毕业。美国大部分大学规定，学生每个学年结束时平均分数 GPA 不能低于 1.667，满分为 4 分。如果低于 1.667 的话，学生就有可能被学校辞退一个学期或者一年，需要选择其他的学校修读并提高自己的平均分数，向学校证明自己有能力达到学校的要求，才能够返校。

关于 AP、IB 和 British A Level 课程：很多在美国读高中或者在国内以及其他地区读国际班的学生都会修读一些 AP、IB 以及 British A Level 的课程，这些课程在大多数的美国大学不能算作学分（credit。很多中国家长和学生都误解或者被一些中介误导，认为这些课可以抵学分）。事实上是这些课在大学只可以代替核心课程、主修课程或者选修课程，也就是说，如果你在高中阶段选修了 AP、IB 和 British A Level 历史、数学、写作、科学或者别的课程，在大学时就不需要重复修类似的课程，但是并不代表可以抵作学分或者少修学分，但学生有很多的自主性选修自己喜欢的课程。此外，在高中阶段选修的 AP、IB 和 British A Level 课程要达到一定的成绩和标准要求才能够代替学校所要求的课程。学生在选课注册之前可以和导师以及学校相关部门确定这些课程，这样选课的时候就清楚需要选哪些实用的课程，从而做好全面选课计划。有的大学也规定，如果学生在高中阶段的 AP 课程学分达到 24 个，则可以被列入大学的学分制内，即，如果大学要求的毕业学分为 120 个，那学生只需要在大学期间修 96 个学分就可以毕业，通常而言三年就毕业了。但是大学一般不主张和提倡大学本科生三年就毕业，因为大学四年的时光非常珍贵，并非是时间和金钱可以衡量的，所以大学还是鼓励学生们善用四年的大学时光，全面地充实和发展自己。

退课选择：美国各大学的中国学生学者联谊会基本上每个学期都会组织学长们为学弟学妹们提供选课的指南，比如哪些教授比较好，哪些教授要求严格，哪些课程适合自己的兴趣或者对未来的专业发展有帮助等。这些都可以帮助学生选到自己喜欢或者比较满意的课程。上文提到，由于选课的时间不一，有时候选到的课程不是自己非常喜欢的，大多数的美国大学通常在开学后两周允许学生重新调整课程。如果学生上了一个星期以后，觉得某个老师和某门课不适合自己的兴趣和需要，就要立即做出决定，退出这门课然后重新选择另外的老师和课程，不要拖到学期要结束时，才去申请退课。有的私立学校也要求学生修读一定的哲学和宗教（神学）课程的学分，主要是帮助学生了解更多元的社会和世界，没有带任何的宗教色彩。学生可以通过修读这些课程，增进自己的知识面。这些哲学和宗教课程包括东西方的哲学与宗教，如东方的宗教，比如道教、佛教，以及西方的基督教传统、教义和导论等，学生可以有不同的选择。一般在刚开学的两周之内取消的课程在学生的成绩单上不会有任何记录，两周之后退出则会在成绩单上有退出（withdraw）的记录。很多中国学生包括家长会担心退出的记录是否会对未来找工作或者考研有影响。这种担心是没有必要的，退出课程在美国大学是一个非常正常和普遍的现状，未来的学校或者雇主在招生或者招聘的时候不会关注学生的成绩册上有没有退出课程的记录，而是更关注学生的综合成绩、能力、人品和素质。所以学生在决定退出课程之前，不需要有太多的后顾之忧，因为如果这门课确实很难，期末有可能通不过或者刚刚及格而影响别的科目的总分，那就需要考虑退出。在决定退出之前，学生可以和自己的辅导老师或者学校的学术辅导中心的老师和专业人士再讨论和评估，看看是否一定有必要退出，也许经过一番努力后，还会取得好成绩。退课之后，有的学生在本学期的学分就有可能不够 15 个学分，学生也可以在暑假时修读，或者在下学期的时候多修一门而把学分补上。不过总体而言，如果学生在四年内顺利修读完大学要求的课程和分数，每个学期修读多少分数都是比较弹性的，尽管学校希望每个学生每个学期保持 15 个学分左右，以平衡每个学期的学习计划。

暑期课程：美国各大学都允许学生在本校、校外（美国其他大学或者国外的大学）修读暑期课。按照一般美国大学的要求，暑期课程可以转为学分或者作为 AP 课程之类的（看各个学校的规定以及学生的具体需要）。学生在校外修读暑假课程之前首先要了解该校是否有资历授课，其学分是否得到本校的认可，自己所修的课程是作为核心、主修或者是选修课程，或者是作为 AP 课程等。修读暑期课程的好处之一是学生有足够的时间利用暑假修读一两门难度比较高的必修或者主修课程。一些校外的课程内容和师资方面都很好，学生除了上课之外，也可以了解其他学校的文化、传统和风格以及当地的历史。此外，有的校外课程要求不一定像本校那么高，所以对于有些在本校不喜欢的课程，也可以通过在校外修读来补充。选择在校外修读暑期课程的时候，很多学生都喜欢选择名校，但是名校不一定就是更好的选择，在美国有不少名校的暑期课也有很一般的，都找一些外面的兼职老师来补充，因为很多好的教授和老师一般不喜欢教暑假课。所以学生和家长需要选择实用、具体和适合自己兴趣的院校和专业。很多中国学生也会趁暑假回家度假，在国内不同的大学修读暑假课，也是很好的一种选择。除非一定要回国来修读暑假课程，中国学生在安全具有保障的情况下也不妨可以考虑在欧洲、南美、非洲、中东以及大洋洲等地区修读暑假课。在工作中，笔者经常会遇到不少中国学生喜欢选择去香港、新加坡、日本和韩国上暑假课。一般而言，除非学生对这些地区的教育和学习或者文化环境等情有独钟非去不可，笔者建议中国学生还是多走向一些与自己文化和传统不同的地区和国家。来自于中国的学生对东亚地区的文化传统和社会有相应的了解和认识，而且也许未来毕业之后会有较长一段时间在东亚生活和工作，有更多的机会了解这些地区的教育、文化和传统等，而对于亚洲之外的地区则不会有太多的机会和条件多认识和了解，所以暑假课选择去亚洲之外的地区也是一个很好的学习、生活尝试和体验。

4. 如何与教授/人生导师沟通

从中学到大学的学习生活的跨越，学生们会面对一系列的问题，比如如何选课、如何适应当地文化和环境、如何融入校园生活，等等。毫无疑问的是，上课以及与老师沟通是每个学生特别关心的话题。与中学教育不同的是，美国大学教育更注重学生的独立性和自主性，美国大学的教授们上完课以后一般都会回到自己的办公室或者实验室从事自己的研究工作或者其他的项目，不会主动去问学生是否需要帮助或者协助，因为去向教授们咨询和探讨是学生本人的责任。但是为了更好地帮助学生的发展与成长，每一位教授在每周会有固定的与学生见面或者讨论的时间，一般称之为办公时间（Office Hour）。学生们可以通过这个时间去与教授们聊天，或者请教问题，或者探讨学习上的一些问题。除此以外，学生也可以在教授其余的时间自行与教授约见，探讨自己学习上的一些问题，既可以请教一些不懂的问题，也可以让教授更多地认识自己。美国大学的教授们其实也是非常愿意帮助学生的。利用教授的 Office Hour 或者别的时间与教授们见面探讨一些课题，可以帮助学生们更好地了解课程的内容，同时也可以与教授保持良好的关系，有利于学习。笔者每一个学期都会做一些统计，有的中国学生和教授的沟通和互动整个学期下来平均才一次或者两次，这是很可惜的一件事情。Office Hours 是美国大学教授专门为学生提供疑难解答和沟通的时间。一门课一周会有 2～3 个小时，在这期间，任何有关课程以及作业的问题甚至有时候个人的一些问题都可以直接找教授。去 Office Hours 不仅对学业是最有效的帮助之一，还可以加深教授对学生的印象，与教师们建立一种良好的关系，未来找工作或者考研都需要教授的推荐信，如果教授对学生认识不够深，则很难写出比较全面的推荐信。同时，学生们在大学期间多认识一些专业或者人生成长道路上的优秀导师，对于自身的发展也会有很大的益处。

此外，几乎所有的美国大学的教授都喜欢学生在课堂上提问和讨论，尤其是提出具有挑战性的问题，而非一味地听和做笔记。针对学生的问题和需要，教授在回答的时候会更加全面。中国学生普遍不太喜欢在课堂上提问，其实，如果真的不理解，就一定要大胆地问和说，比如"老师，可以重复一下你刚刚说的吗？""老师，可以再澄清一下这是什么意思吗？"等。如果不问问题，老师们会假定学生已经明白，就不会刻意多讲和提醒，那考试出现了问题，则就是学生的责任了。所以在美国念书，一定要保持中国儒家传统那种"敏而好学"的好学和求知精神，才能有更大的收获。

美国大学注重对学生们全方面的培养，当然并非表示成绩就不重要。美国大学的考试成绩一般由几个部分组成，比如平时测验成绩、期中/期末考试、小组课题报告、课堂互动，等等。所以说考试和测验成绩其实只占总成绩的70%左右（当然有的课，尤其是理工类的，可能只根据考试成绩的标准），其余的课堂互动和参与以及小组报告则占另外的30%左右。

中国学生到了美国的大学以后，不喜欢和老师沟通与互动的一个主要因素是缺乏自信，或者找不到话题与老师探讨。其实与老师的互动就是一件非常普通的沟通和聊天，学生们可以找到很多不同的话题，从学习、生活、娱乐或者看到一些好的文章给教授们推荐和分享都是一些沟通和交流的话题。学生毕业后终究要走向社会，与不同的人士接触和交流，大学里面荟萃了各方面的人才，来自于不同的背景、文化、年龄、性别等，就像一个小小的联合国。所以学生们与不同的教授们接触，不仅仅可以在自己的专业学术范围内更好地成长，更可以从他们的学识和人生经验及智慧方面学习到很多宝贵的东西。中国有许多出色的学生，刻苦、聪明和上进，但是不善于和教授沟通。这不仅是语言上的，同时也是方法上的问题。因此美国大学的教授需要对中国学生的表达方式有了更多的了解才会做出相应的回复。反之美国的学生则是因为他们往往从小受过训练，会把事情组织得井井有条，会及时恰当地和教授沟通，以保持自己各个方面的均衡发展。

美国的大学非常注重学生的课堂出勤率（如果学生因为特殊原因不能上课，一定要事先告知教授，不然教授会认为自己没有受到应有的尊重，而对学生产生不好的印象）。上课的时候要按时上课，在课上要提问，也是引起教授注意的很好的方式。问问题也需要有一些技巧，比如说我认为这个问题如何如何，或者是我看了别的研究文章认为如何如何，或者是另外一本书上是如何说的，给教授留下你对这个课程很感兴趣的印象，让教授知道你不是单纯的死记硬背，而是具有批判性的思维和创新。很多学生在上课的时候会在网上和朋友聊天，虽然有的教授不会当面点名批评，但是其实非常清楚谁在听课谁在网上聊天，在给予期末成绩的时候也会把这些因素考虑进去。

在与教授沟通的过程中，一般而言不要将话题拉远，学生需要专注于有关学习上的一些问题和难题，或者对自己关注的一些事情请教教授们的观点，但是一定不要涉及政治、宗教或者个人的家庭和婚姻等问题（除非这些话题与上课的内容相关），否则有时候会冒犯教授。由于文化的因素，美国的教授们一般不喜欢和学生开玩笑（除非非常熟悉），一些小小的幽默倒可以，所以在和教授们沟通或者聊天的时候，学生们尽量不要随意开玩笑，保持礼貌、客气、彬彬有礼的态度是最好的。此外，也不要当面赞扬教授的课讲得如何如何好（这些话语可以在期末的时候在学校的网上评估匿名递交），最多就是说，谢谢教授，我从今天或者这堂课程中学到了很多东西。

在美国大学的读书和生活中，常常会与教授们有很多邮件的互动，通常而言，除非教授们在上课的时候告诉学生们，可以直接称呼他的名字，否则在和教授们的邮件来往中，一定要用正规的称谓，比如，"Dear professor"，最后的结尾一定要写上"Best wishes"或者"Best regards"，然后写上自己的全名。邮件的内容保持友好和礼貌是非常重要的。此外，如果你的教授给你回答或者发送你需要的资料，一定要告诉他你已经收到了。这样，下次在课堂上看到你的时候，他们就会认为你是一个非常有礼貌和教养的学生。有些时候教授们可能比较忙，没有及时回复你的邮件，除非是很急迫的事情，否则不要连续去询问教授有关邮件的事情，可以隔一两天后再去询问一下是否收到了你的邮件。

考试成绩一直都是学生非常关注的问题。如果学生拿到了第一次的考试、测验或者其他报告的成绩后，无论分数高低，都尽量在教授的办公时间和老师见面讨论一下。如果分数低的话，一定要请教教授问题的原因所在（是没有理解问题呢，还是其他学习和复习方面的原因，或者是 TA 助教的问题，等等），有没有别的机会弥补失误等，或者有什么好的办法提高成绩。一般来说，教授们会根据整体评估来给学生提出很多中肯的建议，也会在学生第一次考试或者测验以后给予鼓励。如果学生成绩不是很理想，经过努力后，也会有很大的改善余地。教授们在看到学生的整体进步后，一般会在评定成绩的时候综合考虑你的整体表现，所以一次考试的分数并不能决定学生最后的成绩，但是学生一定要主动和教授们联系，不然教授们会认为既然学生都不去主动找他们讨论学习和成绩的事情，那么学生自己也就不在乎自己的表现，对成绩也满意。除了一些在美国接受过高中教育的学生比较了解一些美国大学的教学方法之外，很多中国学生在刚开始时难以适应美国大学的学习方法以及与教授们的互动，所以在学习中会遇到很多问题和挑战，有时候也会显得无所适从。实际上美国大多数教授都是很容易沟通的，而且也理解国际学生来到异国他乡遇到的各种挑战和适应问题。如果遇到什么困难，中国学生一定要主动大胆地向教授寻求帮助。无论是课程内容，或是是否能够顺利融入课堂或者小组讨论，甚至是有关复习等问题，都可以征求教授们的意见。他们不仅会给予学生很多丰富宝贵和有效的建议，也会鼓励学生积极地面对。学生们千万不要等到期末考试前才去问教授们如何提高成绩，或者问有没有可能做额外的课业来提高成绩，这个时候已经太晚了。教授们一般不会同意改变分数或者给予学生特殊的照顾。但是从另外一个层面而言，学习成绩只是大学生活时代一个小小的插曲而已，学生们不需要每门课程都一定要做学霸或者满分，只要自己尽力了，其余的可以坦然放下，数年之后，没有人会真的在乎大学的成绩是多少，而更在意学生毕业后的人格、能力和人品等综合素质。美国大学博雅教育的精神与理念更是为培养未来的社会公民和领导具有批判精神、创新思维、社会责任和伦理情操，而不会着眼或者局限于分数。

与老师的互动和沟通也包括有时候与老师的争辩（argue），争取自己的权益，所谓的 argue 不是真的是去和老师吵闹或者激烈的争辩，而是在一些特定的情况下，比如对老师给予的分数有疑问（有些时候有的老师在评分或者给予分数的时候会有一些不公正的评估或者误会），或者有时候身体有状况（生病），或者一些特别状况（比如打印机坏了、电脑坏了、遇到交通堵塞等）而不能及时在规定时间递交作业而被扣分等，这些问题都可以和老师解释清楚，争取自己的权益。所以学生一定要主动和教授们保持常规的联系和沟通，使自己的学习和生活等都全方面的发展。学生如果对教授给予的期末成绩持有不同意见，觉得教授没有公平地对待，在和教授沟通之后还是没有得到妥善解决，那么学生需要和系主任讨论，如果没有取得相互认可和同意的方案，学生可按照要求向大学的主管院长办公室进行申述程序，以获得公正合理的分数。有的时候，也有的助教或者老师认为中国学生的写作方面没有达到他们的标准，学生要多和老师沟通，告诉他们中国文化的一些表达方式和模式，让不同文化及社会背景的老师了解和理解中国学生的一些思辨模式与方法。

在美国读大学的一个优势就是美国大学校园充满了各种珍贵

的资源，比如教授、辅导员、咨询专家和学业辅导员，他们可以随时对学生提供充足的、及时的帮助，但是，首要的是中国学生必须要主动寻求帮助。美国的这些教学和学术资源不会主动来问学生们是否需要帮助或者有难题需要解决，而是学生有责任去寻求帮助。笔者在上文提及，很多中国的本科留学生不喜欢和美国的教授们沟通，或者找不到话题给老师交流，往往过于拘谨和保守，但是这种方式会让中国学生吃大亏。学生们在学习当中遇到的问题不要拖到期中（midterm）以后，因为期中以后大部分学分已基本上决定着学生的期末最终成绩是多少，即使教授愿意帮助，但是基于公平的原因，他们也不能够做出很大的改变。所以，很多在美念书的中国学生往往吃亏，自己不愿意主动去和教授们探讨和沟通。不像在高中阶段那样老师们会每天身体力行、耳提面命地关注和督促学生的成长和进步，关注学生的学习和问题，每天会找机会和学生们谈心，等等。大学阶段的生活和学习都是非常独立和自主的，老师们上完课以后直接回到自己的办公室或者实验室，做自己的研究和写作，或者参加会议等，他们不会以高中阶段的老师那样的模式去关注学生。所以学生们一定要学会自动自发和老师们联系沟通，老师们对学生有更多的了解，与学生有更多的互动，从而建立一种良好的关系，这样对自己的学习和成长都会有很大的帮助。

另外，在上课和约见教授或老师时，一定要准时。美国社会是一个比较重视守时的社会，无论是上课还是约会，都强调准时。不少中国学生常常会最后一分钟到教室，或者迟到，虽然教授们一般不会说什么，但是迟到的时间多了，教授也会记在心里，作为期末考试成绩的一个参考，因为出勤率也是评定期末分数的标准之一。此外，和老师或者同学的约会时间也尽量不能晚到，除非真的有特殊的客观原因，比如大雨、下雪、塞车或者别的原因，否则约会迟到甚至忘记在美国人看来是不可思议的，从而也就失去对方的信任，影响人际关系和学习。如果约会不能准时到达，最好提前用电话或者邮件告知对方，或者更改时间等，不要给对方的工作和安排带来不好的影响。换一句话来说，上课和约会的准时也是对对方的一种尊重，否则对方认为你根本没有在乎他/她，这在社交场合是一个很大的失败和不礼貌。

在美国读书期间，中国学生除了认识、交往和建立一些深厚、持久、长远和真诚的同龄人友谊之外，也需要多接触一些优秀、善良和博学的人生导师，他们不需要是自己的教授或者老师，而是在学习、工作和生活当中一些有经验、智慧以及乐于助人的人士，他们将自己的阅历、智慧与知识和学生们分享，并且在成长的道路上，陪伴辅导学生们的成长。中国学生往往会忽略这些珍贵难得的资源和财富，但是在人生的成长旅途，有这些人的扶持、陪伴、聆听、分享、鼓励与鞭策，将会令人一生受益。

5. 如何做好笔记

留学生（除了在美念高中的之外）初来美国高校，面对一个全新的学习环境，不同的语言、文化和食物，不同的教学模式和风格，在起初会很不适应，也会有很多困难。尤其是有的老师讲课很快，语速也很快的时候（特别是文科），有的老师带有方言，很多学生可能会跟不上老师的上课节奏，但碍于面子或者害羞，又不好意思向老师求教。虽然不少中国学生的 SAT 和托福考的很高，但学生初来乍到，上课的听力和口语表达出现问题是非常正常的。中国学生可以大方地告诉老师，自己来自于中国，文化和教学模式等非常不一样，是否可以将老师的讲课用手机录下来，回去再多复习和多听。老师们一般都会同意的（但是在老师未同意之前，一定不要录音，否则老师会认为学生侵权），有的教授也会觉得录音会影响别的学生的上课而不同意。此外，有的美国学生的笔记记得非常详细，中国学生可以向美国同学借阅他们的笔记，帮助自己更好地掌握学习的内容。很多教授上课会用 PPT，学生可以告诉教授是否可以借阅上课的 PPT，有的教授会将 PPT 放在上课的在线文档，学生可以随时阅读。

除了上课做好笔记和录音之外，美国老师（尤其是文科教授）在课前都会安排很多阅读，一个星期要读一本书或者很多文章，中国学生很少有这样的经验，压力之大可想而知。因此，学生上课前一定要事先预习课程的内容，对课程内容有一个基本的掌握和认识，如果有新的词汇，立即记下来，查阅字典，帮助理解文章的内容。看书的时候，可以先了解这本书或这篇文章的纲要和主题，以及各个段落的中心思想，这样对全文有一个概括的认识，在讨论或者老师提问的时候就不会觉得陌生或者找不到重点。如果教授要求学生阅读书本的时候，学生大概只能走马观花看一些，在实在没有时间或者时间紧迫的情况下，可以先看看本书的简介以及结尾，这样可以掌握一些主要观点。另外可以通过网上搜索，查看有关该书的书评，也会有一定的帮助。但是这些都是应急的办法，学生还是需要做好时间安排，阅读全文。

美国学生常常会组织小组讨论和学习，中国学生也可以和美国学生一起组成学习和讨论小组，或者中国学生自己组织学习小组，尤其是在阅读方面，可以每个人负责一个篇章，概括成一个纲要之后在小组讨论和分享。小组讨论学习可以帮助自己从别的学生的学习方法和研究获得更多新的知识，也可以向别的同学咨询自己不懂或者不清楚的地方。

6. 如何积极参与课堂讨论

与美国学生相比，中国学生一般上课非常安静，很少主动参与讨论或者提出问题（一些在此念高中的学生相对好些）。虽然美国学生在讲话和讨论方面有很多语言的优势，但是作为一个来自于中国的学生，有着独特的文化和传统经验，所讲的就是独特、新颖而有创意的，是美国老师和别的美国学生不懂的内容，所以中国学生要有自信表达自己的立场和见解，按照老师的问题和思路，以及自己的理解，积极地参与课堂讨论，表达自己的观点和看法。有时候老师会安排在课堂的小组讨论，有时则是大组讨论，学生根据教师的问题互相分享和回应。此外，如果遇到不懂的问题，如果可以则在课堂上问老师，如果时间和环境不太方便，则一定要在合适的时候向老师请教。由于大部分老师会将课堂讨论和参与作为学期末的评分标准之一，所以学生一定要认真对待这些讨论，不要害怕回答错误或者观点不同，鼓励自己积极地参与就是一个很大的突破和收获。除了理工科有些有标准答案之外，文史哲方面的讨论可以涵盖不同的观点，只要学生讲得有道理和具有逻辑性，就是很好的表达。

7. 如何购买书籍

美国学生和中国学生在美国大学上课通常遇到的一个共同问题就是：美国买书很贵，特别是大学教材。大多数的老师会要求学生购买若干教材，有的则要求图书馆将教材保留不外借，学生可以在图书馆借阅若干小时或者复制部分教材。如果有的教材是必须要买的，建议学生在网上购买同样的二手书，价格优惠很多。有的大学的书店或者网站也会提供租赁教材的服务，价格也比购买新书便宜和合理。有的书籍有网上电子版，可以利用学校图书馆系统下载阅读。有的学长学姐上过同样的课程，可以从他们那里购买，也很便宜。有时候也可以向同学借阅他们的书籍来复印，但是由于版权的问题，建议不要复印整本书，每次复印一部分。也有的私人书店销售二手教材，价格实惠。当然，有些专业课程需要的专业和工具书籍，并且对未来的学习和工作有所帮助，即使价格不菲，也值得购买。

8. 如何善用大学资源

美国的优秀大学，尤其是私立大学，通常都会有很多丰富的资源来帮助学生的学习和成长。以笔者工作和研究的波士顿学院（Boston College，全美综合排名前 30）为例，以博雅教育为核心，通过不同的教学和服务资源，从各个方面培养学生的综合素质和未来的世界公民。

美国的大学通常设有"大学学习服务中心"，为学生提供免费的学习辅导和帮助。学生如果在某些课程方面有困难或者挑战，可以去大学学习服务中心进行预约，中心会有专业的员工和助教帮助学生。有的国际学生在写作上有一定的困难，学生可以将写好的功课和报告带去学习服务中心，请求他们在用词造句等方面进行润色和修改，以及在语法上的一些指正，这样可以更好地帮助学生提高写作能力。如果别的科目有难题的话，学生也可以在学习服务中心得到帮助和指点，学生们可以善用学习服务的资源来充实自己。国际学生有的时候刚来到美国，或者对美国的大学教育体系和资源不是特别清楚，或者由于自身害羞的原因，不愿意去寻求大学学习服务中心的帮助，因而往往失去了很多得到辅导的机会。事实上，没有人是完美的，一个人在某一层面是专家学者或者精英，但是并非在每个层面都是最优秀的，中国学生一定不要因为面子问题而不去寻求帮助。美国大学和社会很少有人会说，"你连这样的问题（简单的问题）都不懂吗？"之类带有偏见和歧视的话题，而是理解每个人都有自己的不足的地方，所以需要帮助和指导。

此外，美国大学一般还有专门的行政办公室（Dean of Disability）可以协助在学习和身体上有障碍的学生学习上的一些问题，并会协调各科教授给予学生们特殊的考虑和照顾等。学生如果生病或者身体的其他问题，可以告知专门的行政办公室自己的状态，办公室会向任课的教授们发出正式的公函告诉教授们学生的状况，这样学生们可以按照身体的状态或者康复的进展规划学习和考试安排，而不至让学习生活受到影响。有的学生由于身体和精神状态的特殊原因需要在考试的时候延长考试时间，学校也会专门安排和照顾。

美国很多大学主管第一年新生的院长办公室或者学生事务办公室在学期期间也会组织不同的学术活动（不同年级的院长和相关部门也会组织不同的活动），帮助学生提高学习、研究以及大学生活的适应能力。比如一些大学会定期举行教授与学生在课堂外的非正式性的联谊活动，为教授和学生们提供一个更加轻松的平台来讨论学习或者生活上的一些问题。在课堂外的这些非正式活动可以让学生能够更加自由地与老师们分享学习上的一些问题和挑战。在这些非正式的联谊会中，主办单位也会邀请大学的各个与学习和学生发展相关的部门来参与联谊，让学生有更多机会了解不同的资源、平台和渠道。中国学生可以利用这些非正式的联谊活动进一步了解大学的生活，比如如何和教授们沟通，如何参与老师的合作与研究，如何自主选课，如何选择自己喜欢的课程，如何在校内或者校外找工作，如何申请海外实习和学习交流项目，如何兼职，如何有效地写作和沟通，如何选择专业等。学生们在这些非正式的联谊会上都会学到很多课堂上没有机会传授的经验和知识，中国学生需要珍惜这些机会，从而全面提高自己的学习和生活能力，让自己更好地适应在美国的学习和生活。

美国大部分的大学都拥有很好的图书馆，里面藏书丰富，也拥有很多学术资源。在美国大学上课只听老师课堂或者实验室讲的内容远远不够，还需要学生们课后在图书馆里查阅和参考更多的资料，学生们需要自动自发利用图书馆的学术资源进一步了解和学习更广更博的学识，养成良好的学习习惯，不断分析、领悟和归纳。学习的过程就像一棵树的成长一样，根越扎越深，树才能更加茂盛地成长。很多中国学生往往忽略了大学的图书馆是一座丰厚的学术宝藏，会为自己的学习和成长带来丰厚的回报。美国很多大学的教学特点是为学生在第一和第二年提供博雅教育知识，不仅为学生灌输大量的知识，而且让学生在学习的过程中了解思辨的能力，分析问题的能力，开启学生的心智，培养学生健全的人生观、价值观和世界观。美国大学的教授们通常不会高高在上的教授、灌输道理和知识，而是引导学生去探索和发展。

大学图书馆的资料不仅能帮助学生学好每一门课程，也可以帮助学生通过图书馆的藏书查阅资料，全面地充实自己。学校在开学前的新生导航活动中，会专门安排时间带领学生参观图书馆，并且由图书馆专职管理人员为学生介绍图书馆的资源、服务项目、查阅方法、馆际借书服务（可以通过本校图书馆向外校图书馆借书的系统）、网络检索系统以及其他相关的服务和资源。学生们在查阅资料时，如果有任何需要和问题，都可以向图书馆管理人员提出。美国大学的图书馆服务可以为学习带来很大的帮助。

美国很多大学的一种教学特点是积极地鼓励学生直接阅读和

接触原著,并且主动和独立地理解和体会、分析、归纳这些原著的思想,对原著提出创新和独特的看法,写作阅读笔记,让学生们在老师的引导下,不只是去死记硬背或者生搬硬套一些理论或者知识,而是鼓励学生们以批判和创新的思维去形成自己独立的观点。所以当学生阅读完原著以后,利用图书馆丰富的资源进行资料分析和研究,进而丰富和充实自己的学习生活。

美国很多大学的核心课程或者选修课程里都会包括不同的宗教课程和内容,学生可以选修一门或者两门(有的宗教团体管理的大学会要求学生学习两门宗教课程,即所谓的神学课程,内容包括基督宗教、佛教、道教、伊斯兰教、对比宗教等),但是这些神学课程的开设不是以为学生传播信仰为宗旨和目的,而是通过学术的讨论来为学生提供一个多元文化的学习和思考空间。在一个全球化和国际化的社会里,学生接触到不同的人和环境,也包括他们的信仰、文明、传统、习俗与生活,了解一个多元的宗教文化背景,让学生们对不同的宗教价值理念有一个客观和综合的认识,并在教授的带领和指导下,通过思考、分析和判断,以了解文明和文化的传承。

此外,美国很多大学的教学特点也特别鼓励学生的独立思考和创新能力。学生的学习不仅仅是被动地接受老师的知识灌输和传授,而是积极主动地发挥自己的思考和想象能力。学习也不是一种"应试"的教育模式,而是在学习中和老师、同学等一起探讨,并且用自己新颖的观点和语言表达。通过小组讨论、研究计划以及课堂报告等,学生们可以通过不同的渠道来培养自己的创新和独特的能力,而且这也是美国的教授们乐于看到的。中国学生到了美国大学之后，很多还是保持着应试教育方式和风格，也不会主动和老师及别的同学们互动和沟通，这些都严重地影响了中国学生的成长和发展，并且在一定程度上影响了中国学生的学习成绩。中国学生必须要走出被动的思维模式，才能更好地融入美国大学的教学生活，让自己四年的大学生涯过得更加充实和丰富。

9. 如何管理时间（学习、休闲、运动）

中学生活时代老师们可能更倾向于与学生保持更多的互动，尤其是学习和生活方面的事情。中学生活的时间安排也相对比较有规律，尤其是国内的高中生活，学生们每天的时间都排得满满的，按部就班地生活和学习，虽然紧张劳累但是也过得很充实。令美国的很多大学管理层和教授们感到头疼的是，很多学生到了大学之后，时间管理不规律，甚至很混乱。很多中国学生到了美国大学之后，没有了往日的升学压力和紧张复习，加上刚刚到达一个新的环境，刚开始时会显得无所适从，除了要适应美国的文化和教学方法外，大学生活的时间安排就比较弹性，甚至没有规律。学生可以按照自己的生活习惯安排上课和活动的时间，但其余的时候则无法平衡和合理地安排和调整。大学生活拥有更多自行规划分配的自由时间，如果能够仔细规划，并善用每个时段，也可以为四年的大学生活带来更大的收获。为了更有效率地度过大学四年的宝贵光阴，学生可以把每周的时间表打印下来，然后按照课时再安排别的活动，时间管理不是每天24小时排得满满的，而是将时间按照需要的主次和轻重关系平衡地分配在每一件事情上，就会获得更好的学习和生活效果。一般而言，中国学生到了美国大学之后，在第一学期先把大部分的时间用于学习上，奠定好良好的学习、语言和写作基础，然后将四分之一的时间用于和别的学生之间的互动，比如参加社团以及系里或者学校的一些聚会，其余的时间则用于参加实习或者社会服务之类的活动。与高中时代的学习生活相比，美国大学的作息时间更加的灵活和弹性，尤其相比中国的高中。没有人会告诉或者督促学生何时休息或者何时写作业了，全靠学生的自动自发和自我约束。每天的学术生活、课外活动、校园工作，还有社交生活会帮助中国学生更好地适应美国大学校园生活。同时，在学习之余，学生们一定要有常规的体育运动和锻炼，健康的身体和平衡的生活才会使大学的学习生活更加有成效，一张一弛才是学习和生活的最佳整合和文武之道，片刻的宁静和休息也会时常带给学生们学习的灵感与动力。合理安排时间之后，学生可以尽量避免熬夜，争取早睡早起，学习效果会更佳。有些中国学生喜欢熬夜，喜欢花太多的时间在网上聊天或者玩游戏，直到凌晨才睡，对第二天的学习和生活也就带来了很多负面的效果。中国学生到了国外学习时，在时间管理上一定要有克制和自制力。

在如何平衡学习、休息、娱乐、运动和社交活动的大学生活过程中，很多中国学生都会遇到困惑，甚至有时候还会觉得很受挫折。但是，中国学生需要认真思考自己当初留学的目的，以及自己为何申请来美国留学，自己是否在按照自己的目标前行。当学生比较清楚自己的目标和方向的时候,也会做出更有效率的时间安排和管理。到美国读大学之后,离开了家长和老师的监督,学生有更多自由的时间可以支配,但是自由并不意味着学生可以随意消耗时间,更需要自动自发的合理安排和管理时间,以免学习和健康受到影响。自由更是一种对自我的责任和严格的要求。也有不少中国学生到了美国大学之后,由于时间管理不规则和凌乱,常常在学习上顾此失彼,有的甚至由于自我约束能力不够,加上没有家长的沟通与督导,自己陷入网络游戏而不能自拔,影响学习和考试,不少课都亮起了红灯,只有退学。

当然,由于每个人的生活节奏和习惯不尽相同。有的人喜欢连续几个小时看书和学习;有的人喜欢在看一两个小时书后做一些休闲的活动;有的人喜欢将每个小时都做好时间规划;有的人喜欢以每周为基点。在大学生活中,没有哪一种是较好或者更好的时间管理方式,最适合自己的时间安排就是最好的。大学的教学生活不像中学时代,教授们不会每天耳提面命地提醒学生何时交报告,何时预习,或者何时看什么书。在开学之初,教授就会给班上每一位学生发一张本学期的教学大纲(syllabus),教学大纲一般很详细地列出本学期所需要学习的知识、阅读的内容、课程及考试要求等。在美国的大学教育系统里,学习是学生个人的责任。老师一般不会督促学生的学习进度。学生可以按照教学大纲的要求,做出相应的学习计划和进度,提前预习或者复习相关知识,在自己的学习计划表上做好安排,并在规定的期限内完成报告及准备考试,这样在学习的时候就会有条不紊地进行。通常而言,在美国的中国留学生给人留下的印象一般都是勤奋好学,但是不善于表达自己。2015年5月全球最大的年度教育盛会NAFSA大会上，美国厚仁教育发布的《2015版留美中国学生现状白皮书》指出，2014年美国开除了约8000名中国留学生（这个数字其实被夸大了），其中因学习成绩不过关而被开除的学生比例达57.56%，因学术不诚实而被开除的学生比例达22.98%。当然，即使不确定这些数据的普遍性和可靠性的程度，但是这份报告也显示了中国留学生在面对与中国完全不同的教育体系时，面临学业等方面的巨大挑战。因此，如何更好地规划和平衡好学习时间和活动，是中国学生必须要认真对待的一个课题。如果学生发现因为语言、性格、教学模式和适应能力等原因，而无法跟上课程进度或者其他的各种职责，中国学生一定要主动去找到学校的相关部门（比如学习服务中心、院长办公室、心理辅导中心或者主管人士）把遇到的一些问题和难处讲出来，这样校方才能够了解学生的需要，并进一步地帮助学生。

在很多家长和中国留学生的印象中，美国的教育环境比较自由轻松。但是实际上并不如此，美国的大学生活并不像人们想象得那么轻松和随意，学生也需要在学期期间学习很多不同的知识，每周需要阅读若干的书籍和文章。有的教授的要求也特别严格，所以为了学好一门学科，每一个学生都需要花费相当多的时间，才能真正达到教授的要求和学习的基本标准。因此，合理、科学、有效地规划好学习时间，会更好地帮助自己取得进步。

10. 如何参加课外活动

美国的大学都有很多不同的课外活动，音乐、艺术、文化、体育、饮食、娱乐等包罗万象。有校内活动，也有校外政府或者不同机构组织的活动，如果条件和时间许可，中国学生可以多参加这些活动。因为参加这些活动才会真正慢慢了解一个不同文化背景的生活。比如很多人会认为美国人很开放，也容易结交成好朋友，事实上并非如此，而且有很多不同的文化和社会因素的存在会影响彼此的交往。参加一些好的课外活动可以陶冶自己的情操，也可以认识志同道合的同学和朋友，培养自己的兴趣，丰富自己与人交往的能力和技巧。大学教育不只是传道授业解惑，不只是颁发文凭和学位，还有更多的层面可以去挖掘和发现，从而让大学生活过得更加圆满和丰富。学校的国际办公室、各种社团、政府机构以及社会组织等都会定期或不定期地组织很多文化和课外活动，中国学生可以积极参加，全面发展自己。

与美国学生相比而言，很多中国学生对于体育运动和健身等方面做得还不够。在美国的大学生活里，保持每周固定的运动和健身非常重要，一方面，很多学生喜欢每天坐在电脑前看书上网，或者阅读资料，或者看手机信息等，眼睛和大脑会受到很大的影响，近视也越来越严重，这样反而对身体和健康不好；另一方面，无论是从科学研究数据分析或者每个人的亲身体会，运动对于提高人的学习能力和抗压能力，以及改善心理的压抑都会有很大的帮助，运动出出汗，呼吸新鲜空气，看看户外的大自然，不仅对身体健康有很大的帮助，也可以提高学习的效率。中国留学生可以培养自己运动和健身的良好习惯，拥有健康的身体和心智平衡发展与成长。片刻的宁静和休息会时常带来学习与生活的灵感和动力，运动一下，读一首诗，听一曲歌，看一篇好文，看一场电影，听一场音乐会，在忙碌的学习和生活中给自己一些空间，都是在学习生活中需要注意和调整的，做到劳逸结合，身心灵全面发展。

11. 如何参与海外交流学习

美国的大学通常都会有海外学习和交流的项目，有的海外院校是与本校有交换学生的项目和计划，有的则是需要学生自己联系海外的院校并申请，最后获得本校的认可。学校每个学年都会在适当的时间提醒学生海外交流和学习的时间与安排。对于很多中国学生，选择适合自己的海外院校有时候会有一些挑战和困惑，比如，去什么国家和地区，选择什么专业，交流一个暑期、一年或者是一个学期，以及在海外学习和交流期间的学分是否都会被本校接受等都是需要认真考虑的问题。但是中国学生在决定去海外院校交流之前要问自己几个问题：我为什么要去海外院校交流和学习？我的动机、目标和愿景是什么？去海外院校交换和学习的利弊是什么？是否会影响我的主修课程或者毕业时间？是否会影响我的学分和成绩？通常而言，很多美国的大学鼓励学生在大三的时候参加海外学习和交流活动，一方面是因为大一和大二期间学生需要适应大学生活并且打好学习的基础，把博雅教育要求的核心课程修完，同时大多数的学生在大一和大二期间对于未来的专业发展还没有更清楚的目标，所以也还需要时间来分辨和思考未来的专业走向。到了大三后，学生在年龄、专业和心智上更加成熟，也就更能够理性地选择自己需要和感兴趣的课程。作为从中国出来的学生，除非真的需要和喜欢到国内的大学进行海外交流和学习，笔者一般都会很强烈地建议中国学生去欧洲国家进行海外交流和学习，如果对非洲或者南美或者大洋洲感兴趣，或者有合适的课程，也可以选择这些地区。去这些地区和国家一个好的优势在于，了解一个与美国和自己国家的文化不一样的地区，可以更加开阔自己的视野，同时也从他们不同的教育体系学到更多的东西。而亚洲地区或者中国对中国学生而言并不陌生，所以可以尽量争取利用在美国大学念书的机会和时间，到世界各地的大学和教育机构走走，也是认识当地文化和社会的一个宝贵机会，同时也可以提高自己跨文化交流和沟通的能力和技巧。不少中国学生在选择海外交流学习的时候会看重该大学的排名或者声望，其实这些不是最重要的，学生在选择学校的时候需要多看看这个学校的专业或者提供的课程是否是自己所需要的，自己是否喜欢这个学校的文化、环境和氛围，这个学校的周边地区是否安全，等等。如果中国学生在经济、时间等各个方面能够合理安排和平衡，在美国大学期间能够有参与海外交流和学习的机会，会有很大的收获。当然，如果学生希望自己四年时间都在美国的大学好好地学习和生活，没有愿望到海外交流学习，也没有失去什么，海外交流学习并不是适合每一个学生。

12. 如何顺利通过考试

美国大学的考试与国内的完全不同，平时作业、测验、期中与期末考试、书面报告、口头报告、课堂参与以及小组项目等都包括在学期的最后成绩里，所以学生们一定不要掉以轻心。

每个老师平时规定的作业根据所修的科目有不同的形式，而且也纳入总分的计算，学生必须按时完成，有时候有的老师每周都安排作业，有的则是不定时的。理工科的课程作业多以计算或者问题为主，人文类的课程则需要有不同的阅读量，以分析、评论或者批判的方式来回答问题，这类作业要求阅读老师们规定的文章或者书籍。

测验一般就是针对阅读和学习的一些东西，老师一般在开始讲课之前测验。有的教授会提醒学生什么时候测验，有的则从来不提醒，所以学生还是要安排好时间阅读教授要求的文章或者别的学习要求，以免测验的时候吃亏，不要抱着侥幸心理。

课堂报告（有的是小组报告，有的是个人单独报告）一般是对一些阅读或者布置的功课进行报告，同时教授或者学生会提问。但是如果学生准备充分，掌握提纲要领，抓住重点和中心思想，一般还是没有什么问题的。此外，在课堂报告之前，也可以事先演练一下，掌握到时间长度和内容的层次，简明扼要地述说。有时候会遇到一些学生或者教授的问题很奇怪或者见解不同，要表示尊重，同时也可以说，谢谢你的这个问题和见解，我下课后会再做一些研究，等等。

期中和期末考试，美国大部分的大学有期中和期末考试，这两次考试在学期末的总分中占有很大的比例,所以要郑重对待。有的教授会把期中和期末考试安排为课堂上的书面考试,一般是一节课的时间,考试要求通常也会在考试的时候告诉学生。有的学生因为特殊原因(比如生病或者其他原因),需要延长考试时间,这些都需要提前给教授告知(有时候需要出具相应的证明,比如医生的证明等);另外一种期中或者期末的考试则是拿回家做的考试,这种考试相对而言时间比较多,没有课堂考试的压力大,可以参考不同的资料等。也有的教授的期中和期末考试会让学生做一系列的学期研究报告,作为期末总分的评估之一。每个教授对学期报告的要求有所不同,学生在写报告之前,一定要先了解教授的要求和规定,下文会提及。如果有引用他人的研究资料和数据等,一定要注明引文的出处,以免被教授视为抄袭或者剽窃等,如果被认定作弊,这门课就只有计算为 0 分了。

对于写比较长的报告(一般是 15～25 页),很多中国学生还不太习惯,或者写的内容与教授的要求相差甚远,或者内容不够丰富,写得不够流畅,逻辑性不够严密,批判性不够有力,等等。学生一定要提前做好计划和准备,不要等到期末之前才赶,以至于写出来的文章漏洞百出,教授一看就觉得是一篇缺乏内涵的文章。在写之前,最好的办法是先写一个提纲,然后把拟好的提纲找机会和教授沟通探讨一下,看看自己的思路和写作方向是否符合教授的要求或者有没有创意,这样可以保证自己的研究和写作没有偏差,也受到教授的认可和肯定。此外,因为中国留学生的母语不是英文,所以在文法和遣词用句方面还是有不少问题,在写好之后,尽量找时间去学校的学习中心(学校提供的免费帮助学生学习的中心）找人帮助修改和润色一下文法和用句等，让文章更流畅和具有可读性。或者也可以找同学或者别人帮忙修改一下（有时候可能需要付一定的费用）。切记大多数的老师不愿意学生写完以后给教授看了后再修改，很多教授都会拒绝学生的这一要求，因为大部分的教授没有时间来看学生的草稿，而只需要学生最后的定稿。

13. 如何申请奖学金

美国大学的学费昂贵有目共睹，尤其是私立学校，学费高出了公立学校数倍。但美国大学也同时提供种类和名目繁多的经济资助项目，包括奖学金（scholarships/fellowships）、助学金（grants）、助教奖学金（teaching assistantships）、助研奖学金（research assistantships）等。这些资助大部分是为具有美国公民或者持有绿卡的学生准备的。由于联邦政府、州政府以及学校的规定，通常而言，大多数的美国大学一般不给国际本科留学生提供助学金，媒体偶尔报道的某某同学获得了某某美国名校的全额或者半额奖学金等都是一些个案，绝大多数的中国本科留学生还是自费。如果条件达到学校的要求，国际学生也可以申请助教和助研奖学金，也有的国际学生在暑假参加一些系上老师的研究项目，可以获得一些研究费用。美国大学奖学金一般分为基于优秀的奖学金和基于需求的奖学金，一般国际学生只有资格获取基于优秀的奖学金。关于大学的学费，要分为公立学校和私立学校两种情况，公立学校对本州学生收的学费很低，对外州和国际学生收费要高，私立学校的学费对本州学生、外州学生和国际学生差别不是很大。对于国际学生来讲，美国各州的公立学校学费差别也很大，加州的公立学校对国际学生收费很高，5万美元左右，麻州的公立学校对国际学生收费中等，3万美元左右，相比而言纽约州的公立学校对国际学生的费用要低一些，2万美元左右。

国际本科学生在申请美国大学的经济资助时优势不大，大多数的经济资助都给了当地的美国人以及研究生和博士生，尤其是奖学金。也有一些大学根据学生的实际需求提供一定额度的奖学金或者助学金。此外，美国大部分大学也为所有学生（本地与国际学生）提供一定额度的研究基金，鼓励学生的创新研究，通常是数千美元。学生可以根据自己的研究兴趣提交申请，如果评估委员会认为你的研究很有新意，也有可能获得研究基金。此外，中国学生也可以申请助教，有些理工课优异的同学常常会获得授课老师的青睐而被邀请为助教，帮助老师做一些研究、改卷子，也可以获得部分资助。

除了大学所颁发的奖学金和研究基金之外，美国还有很多政府、民间财团机构、慈善团体、教会等提供不同名目的经济资助。有的是为某种专业设置，比如理工、人文、音乐或者艺术等；有的则是为一些不同的少数族裔建立，比如亚裔、拉丁美裔等，有的是为某种特殊的项目成立，比如本科生或研究生论文基金。中国留学生如果对奖学金和经济资助有兴趣，可以多了解一下校内和校外不同机构的资源和申请要求。能够申请和获得一些奖学金或者经济资助，也是对自己能力和学习的一种肯定和鼓励。事实上，美国大学的一些部门都会有不同的渠道和资源帮助学生，中国学生一定要多问和多了解。

14. 如何申请转学或转专业

与中国大学很大的一个差别是，美国大学对转学都是保持开放的态度，每一年每所大学都会有一定数量的来自于别的学校和国家的转学生。当然，排名越高的大学对转学的要求也就越高。但是只要学生具有足够的条件，是可以成功转学的。中国学生到了美国大学之后，经过一段时间的学习和适应，有可能发现自己所就读的学校、专业或者地区并不适合自己或者与预期的不同。如果学生计划转学到别的学校，就需要提前做好规划，做好准备，对希望转入的学校有更多的了解，包括学校的专业和入学要求，报名的截止日期，等等。很多学生的转学通常在大一结束时就完成了，因此学生一定要提前做好时间安排和规划。一如申请大学一样，大学对学生的学习成绩 GPA 要求很高，所以学生如果希望转入自己更理想的大学，需要有较高的 GPA，GPA 越高，转学的成功率会越高。一般大学要求转学生的 GPA 至少 3.0 以上，所以如果有计划转学，那么就要努力学习，提高自己的学习成绩。同样，一些大学要求学生在转学前必须修满若干学分，所以对这些要求也要多了解。除了成绩和所修的学分之外，教授的推荐信也尤其重要。除了上述的要求之外，学生的自我陈述也非常重要，可以涵盖学生本人的学术表现、社会活动以及未来理念等几个主要部分，以一种真实自然的形式表现自己，相信会引起转学学校的重视。此外，转学的学校有时候会问学生为何要转学，学生可以客观地说明目前的现状，但是最好不要说目前学校的消极一面或者不喜欢当前的学校。没有任何学校会喜欢和接受一个刻意贬低自己学校的学生。学生转学的理由可以有若干，比如，所学的专业不对口、没有相关的资源、自己不太适应当地的气候、文化和饮食等，这些都是非常客观真实而且无伤大雅的理由。最后，在转学前，学生也需要了解一下学校对所转的学分是否完全接受，这样就可以知道转学之后哪些课程需要修读，而不影响正常的毕业时间。

美国的研究型大学一般都由不同的学院组成，大多数的大学都有成文或者不成文的规定，给予内部转学的学生很多优先选择。比如有的学生在本校的教育学院、社工学院（Social Work）、工程学院学了一个学期或者一年之后，忽然发现自己的专业发展或者兴趣有所改变，而希望转到文理学院或者商学院，学生可以事先和所希望转去的学院联系，看看自己是否符合所转学院的要求，然后填写好各种表格，之后学校内部就可以处理转学的事情。当然，有的大学的个别学院不接收本校别的学院的转学生。

15. 如何增强两种（或者多种）语言的使用能力，提高竞争力

目前在美国大学读本科的中国留学生，一小部分是从中学开

始就在美国念书之后报考美国大学,大部分的中国学生都是在国内完成初中和高中教育之后来美国就读。相对而言,与在国内上大学的同龄人相比,在美留学的中国学生没有太多的机会学习国内大学的中国文化知识,虽然网络时代可以从很多种渠道去学习和提高这方面的不足,但是毕竟不是经过专业和系统的训练,如果只是靠在中学时代打下的一点汉语基础和水准,对适应未来社会的需要具有一定的挑战。全球化和国际化的社会发展和交流,以及未来工作的整体安排,都需要学生们具有坚实的汉语和中国文化基础,才能更适应社会和职业的发展需要。中国学生除了在英文方面加强学习之外,也可以通过大量的阅读和写作等来提高汉语言文字的应用能力。在全球化的发展中,良好的语文能力对终身学习、知识的更新、价值观、态度和经验,都是不可缺少的。全球化和信息化的社会发展瞬息万变、竞争激烈,未来的青年人必须要具备良好的语文写作和表达能力才能更好地发挥潜能,应付种种挑战。在全球化的发展中,中国数千年来的古老文明、历史、文化等将会为世界的发展和进步带来更大的创新和突破。为此,在美国就读大学本科的中国学生可以利用寒暑假和其余的时间,尽量地充实自己的汉语知识、古代文学知识、诗歌、阅读理解和写作等,都是未来工作和生活必不可少的部分。中国学生们在美国的大学培养自己在汉语言文学方面的阅读、欣赏、写作、理解和表达能力,也是一个必要的成长进程,虽然在时间和学习安排方面不太容易两者兼顾。中国学生在美国大学读书期间,也可以将东西方两种重要的文化和文明传统相结合、对比,以中西文学所体现的人文精神熏陶自己,使自己了解东西文化的优秀文学传统，提高文化素养。同时，在对照东西方文化的优秀文学作品的鉴赏中，也可以丰富自己的想象力和感悟力，并进一步提高创新思维能力。中国文化博大精深，对世界的发展有着重要的贡献和作用，中国学生在学习美国先进的科技和文化的同时，也必须对自己的文化和文明有相当的认识与理解。英语口语和阅读写作能力的提高，中文能力的提升，安排假期时间系统学习中国文化精髓，可以帮助学生成为真正的国际型人才。

虽然很多中国学生的托福和 SAT 或者 ACT 的成绩都非常高，但是到了美国的大学课堂以后还是会遇到很大的挑战。在理工科方面，中国学生的问题一般不会很明显，因为理工科不需要太多的阅读量，但是人文和社会科学方面，中国学生的读说听写的劣势就很明显了。为了提高英文写作成绩和能力，以及为未来的工作和生活奠定坚实的基础，中国学生可以多练习写作，然后找学校的学习服务中心的老师或者志愿者帮助修改语法、遣词用句、写作技巧、逻辑思维以及词汇等，一定会大有增进。

美国的大学课堂，无论文理科，都有很多讨论的内容。很多教授会在每一节课都安排一些讨论，并要求学生在课前阅读相当数量的文章。阅读的内容对于本地的美国学生而言都是一种巨大的压力，当然对于母语不是英语的中国学生就有更大的压力了。写作对每个学生来说都是一件很不容易的事情，不只是中国学生觉得有难度，即使母语是英文的美国学生也会觉得有困难。大多数中国学生学习都很勤奋刻苦，有的常常在图书馆熬夜到凌晨才回宿舍休息。他们对老师要求的任何作业都会努力完成，但是往往只把老师在课堂上告诉他们的内容或者书上说的记下来。一些中国学生常常会重复别人的观点，但是却忽略了自己需要创新的思维和观点才能够真正领会课程内容。中国学生在课堂上需要更主动更积极地参与，而不是被动地坐在那里听和记笔记。一如很多美国学生一样，中国学生需要有质疑能力，用实际的例证来挑战教授或者他们提出的观点。

课前的阅读是参与课堂讨论的前提要求，同时也是教授们希望学生能够通过课前阅读对知识有更多的掌握和理解，而不仅仅是在课堂上听听教授的讲课就可以了。此外，如果没有做好课前阅读的准备，就很难参与小组讨论（一般的讨论或者小组讨论也算是成绩的一部分）以及难以跟进课程。通常而言，中国学生需要花更多的时间阅读，才能比较好地掌握文章的内容和中心思想。在阅读的同时，尽量把一些要点记下来，并且在文章中注明哪些是重点部分，哪些是次要部分。在阅读的同时，学生可以根据教授的要求，以及自己的认识，对文章进行批判性的思考，这样在阅读和讨论的时候，就可以更好地理解文章的内容和主要中心思想。在阅读的时候，往往会遇到很多不懂的专业词汇，学生们一定要养成查字典的习惯，不断地积累更多的专业词汇。美国大学的课堂讨论需要学生自己争取发言机会，发言的基础就是课前对讨论话题的相关材料进行扎实地阅读和批判性地思考。当有问题的时候，中国学生一定要主动去找教授谈话和沟通。

很多中国留学生一开始到美国讨论课上显得很不适应，一方面是对自己口语表达的不自信，还有一个原因就是习惯了中国老师在课堂上从头讲到尾的方式，对美国大学课堂这样以课堂讨论、口头报告、小组辩论为主的课程的教学方式不适应。在美国的大学课堂讨论上，教授们一般不需要学生谈论很多的话题，或者滔滔不绝地讲一大篇道理，而是比较简明扼要地指出问题所在以及自己的观点，就是很好地讨论和参与。一些中国学生和家长们常常用"害羞"或者"内敛"等为自己的不自信或者口语表达的差距找理由，中国学生其实完全可以做到在老师和陌生人面前充满自信、落落大方以及不卑不亢的态度。语言障碍是一回事，但是中国学生完全可以在来美国大学之后通过练习而能熟练和自信地表达自己，这些对学习和生活都有很大的帮助。试想，如果在学校或者职场没有更好地展示自己的表达能力，自己的发展将会受到很大的影响。中国学生应该拥有自信去表达自己，并相信美国学生能够做到的，中国学生也会做到。

美国大多数的大学在大一和大二期间，都会要求学生修读写作课。写作课对中国学生而言也是一个比较大的挑战。在刚进大学的时候，大多数美国的大学都会要求英语非母语的学生参与英语等级考试，对他们进行分级，学生们需要选择对应等级的英语课。一般而言，每一位英语非母语的学生都会要求上为国际学生准备的英语写作课程。这种英语课可以帮助中国学生提高写作的水准，老师们也会仔细地帮助修改文章里的语法错误和遣词用句，并进行点评。大学的学习辅导中心或者写作中心（Writing Center）也会有专门的人士帮助学生修改和指正文章的错误等问题，并提出整改的意见，所以中国学生可以利用这些有效的资源，大力提高自己的英文水平。在美国的大学里，写一篇好文章一定需要有研究的基础以及批判性的思维模式，当然前提是按照教授对文章写作的要求的模式。如果学生对写作的题材或者内容有特别的看法，可以与教授进行探讨，或者事先写一个写作纲要，让教授了解写作的内容、步骤、资料以及是否按照要求来进行，这样才会写出高质量的文章。

上文已经提及，除了社区大学和专业院校之外，美国的大学主要分为两大类型：一种是以教学为中心的文理学院，一种是以研究为中心的研究型大学。大多数的文理学院和研究型大学都倡导小班制教学，除了特殊的一些公共课之外，大部分的课程都是15～25个学生，小班环境会让教授和学生之间有更多的互动，每个学生都有自己的学业指导老师，在学业、生活和职业发展方面对学生进行全面的指导和帮助。虽然研究型大学的教授们的工作除了教学之外，可能会花更多的时间用于自己的研究和创作，但是基本上任何教授都有公开的公共时间与学生见面或者辅导学生。实际上，美国很多大学的大一和大二的学生的导师都是资深的教授，他们通过自己研究、教学和人生的经验，更能够帮助学生的学业发展。学生们也可以利用课堂或者课间时间向教授提问，探讨一些问题，并且与教授们保持良好的关系。

为了快速提高英文水准，适应美国大学的教学生活，建议中国的留学生以看原版电影、电视剧以及听广播的方式提高语言水平。有效地利用时间每天听一段新闻或者观看一些节目，都会对英语学习大有帮助。此外，每天有机会阅读一些报纸杂志对提高语言和写作水平也有很大的帮助，而且对人的思想和思辨都会有很大的启迪，像《纽约时报》《经济学人》等杂志对写作和阅读都会有莫大的帮助。美国很多大学的国际办公室或者图书馆也会定期安排和组织学校的教授、员工或者本地学生义务担当国际学生英语对话和交流的伙伴，中国学生一定要珍惜这些机会。有的中国学生具有语言天赋，除了中英文之外，也可以修读一些自己喜欢的语言。

16. 如何引用学术资源

美国社会不是一个完美的社会，有很多问题。但是美国社会相对而言是一个非常讲究诚信的国家，所以说话、做事、学习、研究都要具有诚信。在美国社会有这样一种说法，诚信比物质和金钱更重要，因为诚信记录会影响每一个人的生活，比如买房、买车、贷款、就业、学习等。美国大学对学生的考试有严格的要求，其中一项就是学术引用，这是关于学术和学生诚信的一个要素。很多中国学生到了美国大学以后，往往容易忘记在引用一些学术资源时加以备注，教授们往往会认为这是剽窃和抄袭而给予学生0分，并同时上报校方相关主管部门。这些个案也会影响学生的学习诚信记录，严重的还会失去学生签证资格。有些时候中国学生是无意引用或者有些类似于作者的思想而未加以说明，教授也认为这是一种剽窃和抄袭。遇到这种问题的时候，学生一定要主动和老师澄清和沟通，告知教授自己并没有剽窃或者抄袭，而只是在引用的时候没有完全按照正规程序来注明，或者认为这些引用不需要说明出处，或者在上文的引用也包括了某一段等之类的。通过沟通之后，一般而言教授们都会重新考虑学生的分数和成绩，也会提醒学生要注意引用的要求和规格，等等。当然，有的时候也会遇到一些老师比较苛刻，即使学生多次解释之后也可能不愿意接受学生的陈情，并武断地认为学生是故意剽窃和抄袭，学生遇到这种情况之后，可以有申诉的机会。学生首先需要去找系主任将事情的缘由给系主任诉说一遍，系主任会和教授商讨问题所在，然后做出一个方案，如果系主任和当事教授能够处理好这件事情，给学生一个合理的答复，学生则不需要向学校指定的委员会申诉。如果学生觉得系主任和当事老师的回复和解决方案并不令人满意，学生可以向学校指定的申诉委员会陈情，以使问题得到合理解决。通常而言，学校指定的申诉委员会一般还是比较偏向于当事教授本人的态度，因为当事教授有专业的背景对学生是否剽窃或者抄袭做出认定。也有的时候，由于中国学生们组成学习小组时常在一起讨论和学习，因此有些学习和考试的答案会有雷同或者相似之处，有的教授也会认为学生有抄袭和剽窃之嫌。遇到这种事情的时候，学生可以向教授解释和澄清，如果教授还是不满意学生的解释，学生也可以向院长办公室陈述，以得到合理的解决方案。为了未雨绸缪，避免不必要的麻烦，中国学生在写作和研究之初，一定要说明引用的出处，避免有抄袭和剽窃之嫌。美国教授们在每学期上课之初的课程大纲上都会告诉学生们文章或者文献引用的一些模式和要求，帮助学生能够正确使用文献。美国大学的图书馆也会定期为学生提供如何正确引用和使用文献的讲座，如果学生不是特别清楚程序和方法，不妨去听听这些讲座，一定会受益。换言之，如果有不懂的地方就一定要主动问清楚。

17. 学术诚信

近年来，国际学生的学术诚信问题成为很多媒体的焦点，也越来越受到美国大学的重视。《华尔街日报》曾调研了50所拥有大量留学生的公立大学，并针对本科生涉嫌违反学术诚信规定的情况进行了统计。数据显示，留学生的作弊率至少是本地学生的2倍，最高的甚至达到了8倍。

在美国、加拿大的一些知名大学，近些年都相继出现过在网络论坛中发广告帖代考、代写作业等学术违纪行为。这种行为严重影响了广大留学生的学术声誉。

由于学术诚信问题而被大学开除的案例也随之曝光。中国留学群体中，80.54%是因为学术表现差或学术不诚实，其中学术表现差占57.56%，学术不诚实占22.98%。

美国整个社会和各院校十分重视诚信。从中学到大学，学校都制定了学术诚信政策，并要求学生严格遵守政策上的各项规定，如有违反，必将严惩不贷。

美国普渡大学的发言人布莱恩·金科（Brian Zink）则表示，校方在大一新生入学时便会强调学术诚信的重要性，"我们不接受所谓'文化困惑'作为不诚信的一个借口"。

因此，作为中国留学生无论在哪里，都应该坚守学术诚信，严以律己，保持自己良好的学术声誉。

三、美国大学的生活宝典

1. 美国大学的"大学第一年教育"(first year experience)

  大学新生从全国（或者全球）各地来到同一个院校上课，来自于不同文化、家庭、阶层、年龄、种族、饮食、性别、传统和习惯的学生们面临着一个很大的适应期。为了帮助来自于各地的学生们更好地适应和融入大学生活和平稳地过渡，从20世纪80年代开始，大多数的美国大学开始成立专门的办公室和中心，实施和采用大学第一年教育（FYE）的课程。FYE的主要功能是通过开办一系列的课程和活动，帮助学生从中学平稳地迈向大学生活，并在学习生活、人格整合以及身心灵的培育方面提供全面的支持。美国大学的FYE课程包罗万象，比如隆重热情的新生欢迎仪式、如何适应大学生活、校区资源使用、大一和大二生活的衔接、领导能力发展和培训、杰出讲座系列、与教师面对面交流活动、建立大学和谐人际关系、基本的文化和历史讲座、提高批判性思维、建立大学与社会的关系、学习小组规划、个人的学习能力和写作风格、论文的写作方法与技巧、如何提高演讲能力和技巧、如何做好课堂笔记、如何抗压、性健康、压力和情绪管理和调整、团队合作、人际关系的建立、校园和周边环境安全、假期活动安排、周末营、周日服务活动、家长开放日以及新生小组研讨课（小组研讨课的话题有很多种，也很多元，内容可以包括方方面面，任课教师大多数都是有经验的教授，并集讲师、学者、导师、朋友等多重角色于一身。很多大学规定新生小组研讨课是必修的，不算学分，或者一个学分，或者满意与不满意来定成绩），等等。这些课程和活动的实施方法也是各式各样的，有大课讲座式、小班讨论式；有比较入门性的，也有比较深奥的；有课堂内的，也有课堂外的；有在校内开设的，也有在校外举办的。

  这些课程和活动有的是必须参加的，有的则是自愿的。为了保证大学第一年教育的课程和活动顺利实施和进行，大学的 FYE 中心负责协调全校各个相关职能部门和教学部门，并相互合作，全面计划、组织、安排、实施各种类型的 FYE 项目。同时在活动和课程结束之后，组织专业的人士进行综合评估，并按照评估结果来确定活动和课程是否有必要继续或者取消等。

  大一的新生，尤其是国际学生，可以利用多参加大学第一年教育的活动和课程帮助自己尽早、尽快适应大学生活，实现自己的梦想和目标。很多学生在参加了"大学第一年教育"的一些项目后，都觉得有很大的收获。学生们可以选择一些自己喜欢的活动和项目，利用好大学安排的相关活动。

2. 美国大学的社交生活

2.1 基本社交礼仪

见面问候：寒暄问候是最基本的社交礼仪。美国地缘广阔，每个州和地区的文化略有不同，但总体来讲美国人是比较热情大方的。在普通场合，美国人见了面无论认识不认识，都会问候一声，也很容易说声谢谢，即使是家里人也会常说谢谢。遇到熟识的人，一定要问候，在路上或者校园碰见老师，也一定要打招呼，这是一种礼貌和常识，也是一种基本的礼仪素养。中国学生在美国校园主动打招呼的人并不多，这也是中国学生需要不断改进的一个方面。如果去别人家做客，可以带点小点心、买一束花或者买点什么小东西给东道主，并记得赞美主人的饭菜味道很好。在外出时候也要注重仪容，保持清新整洁，保持身体和口腔的洁净。此外，很多中国学生忽略一个非常重要的问题，有美国人在场的公共场合或者教室，不要一直和中国人聚集在一起，或者当着美国人的面滔滔不绝地讲中国话，这些对于别人来说，都是一种不礼貌和不尊重的行为。当然，在美国的校园也会看到很多别国的学生聚在一起讲他们的母语，这种方法在公共场合并不可取。试想，即使在国内如果一群中国人在一起，你不会讲广东话或者湖南话，而别人则一直讲广东话或湖南话，你会是什么感觉。有的中国学生在校外居住，建议不要在周边环境大声讲话或者吵闹，以免影响邻居的生活。此外，有些宴会或者正式场合对穿着也有要求，有的会要求穿正装，有的是半正式装，有的则是随意就行。

了解个性：虽然在美国的中国留学生还是喜欢和自己的同胞们在一起学习、生活和居住，但是在一个多元文化共融的社会，总是会有很多不同的机会和场合与美国人直接打交道、学习、工作以及合作等。美国人个性比较独立，不愿意别人刻意干涉他们的生活圈子。中国的儒家传统文化将国家集体和家庭的地位看得很重，而美国社会和美国人则觉得个人利益更重，因而自己的工作、生活、学习、信仰、婚姻等各方面都不愿意受到他人的介入。在与美国人沟通和交流的过程中，与中国文化里委婉、含蓄或者间接的方式相比，美国人的沟通更加直截了当，不会转弯抹角，也不怕伤了和气和面子，也不忌讳保护面子。所以在课堂上美国学生的参与积极性非常强，也不担心面子不面子的问题。中国学生在美国的学习和生活一定要克服面子和丢脸的想法，敢于积极地参与和讨论，即使错了也无伤大雅。

保护隐私：美国社会是一个极度重视隐私的国家，即使是家人和亲人，也会有自己的个人隐私不愿意让别人知道。当然最常见的个人隐私包括个人收入、是否结婚、有几个孩子、信仰何种宗教等。这些对于中国人而言很普通的问题对美国人则是非常个人和隐私的，中国学生千万不要好奇而问，以免别人觉得尴尬和难堪，除非对方主动提出来。此外，即使知道别人的隐私，也不要对他人说，这也是对别人的一种保护和尊重。比如，一个同学的皮肤过敏，中国学生可能觉得没有什么，可能会给别人说某某同学皮肤过敏之类的，但是对于美国人来说，这是个人的隐私和私事，别人不应加以过问和干涉，如果别人过问，他们也会觉得很奇怪。

保持距离不喧哗：在公共场合，大家都会保持比较安静的状态，一般不会开口大喊。在和美国学生和老师们讲话和交谈的时候，一般需要保持彼此的距离，不要隔得太近也不要刻意太远。美国人喜欢在讲话和沟通的时候眼睛注视对方，这也是一种尊重以及对对方的重视。所以和别人交流说话的时候，一定要保持目光接触，而不是游离或者注视别的地方，这样会给对方留下不礼貌的印象，也显示出自己的不自信。

扶门的习惯：在美国的大学校园或者公共场所，有一种扶门的习惯，就是在公共场合进门时如果后面有人来则尽量帮别人把门扶住，或者在关门的时候看看后面是否有人跟上，走在前面的人，推开门后都要回头看看后面有没有人进门。他/她会扶着门让后面的人进去，而后面的人进去后，也总要向扶门的人说声"谢谢"，并接着扶，这是一种在美国大学校园比较常见的情况。中国学生到了美国之后，通常把门一推，进去后转身扬长而去。一个推门或扶门的普通习惯也是一个人礼貌和修养的表现，美国人比较看重这些基本的、看起来并不重要但是却可以改变人一生的动作。在美国的一些企业和机构的培训中，常常会听到这样类似但是是真实的故事或者题材：某人某天上班，他拥入了电梯。这时，远处有个糟老头模样的人朝着电梯方向跑得气喘吁吁。这时，电梯内的人分别按下了楼层按钮。不知怎的，他的目光注视到那老者身上并动了恻隐之心。那会儿他用手扶着电梯门，等着老头儿过来。进了电梯里，老头儿问了他做什么，叫什么，随后他就随着人流进了办公室。一刻钟后，电话铃响了，说请他去董事长办公室。他进去一看，啊，椅子上坐着的不就是那个糟老头吗？他意外地被告知今天被提升了。董事长告诉他，他来公司多少次，今天终于遇到了"意中人"。中国有许多古话，如"与人方便，自己方便""老吾老以及人之老，幼吾幼以及人之幼"，说的就是这样一个基本的道理。

餐桌礼仪：餐桌礼仪是很多中国学生们遇到的一个常见的问题。在美国社会或者大学校园，常常会有参加餐会或者宴会的机会。在比较正式的餐会或者宴会，需要注意如何使用刀叉以及用完餐后如何放置刀叉，餐巾纸主要用于拭嘴。美国的餐桌上一般有盐和胡椒瓶，如果距离自己位置太远，则请旁边的人士代为递送。吃牛排、鱼排、鸡排或者猪排的时候，切忌切成一小块一小块地堆放在盘子里，而是切一片吃一口，放入嘴里慢慢吃。有的人在进餐时常常会从嘴里发出声音，尤其是吃面条和喝汤的时候。在国外吃饭需要讲究一定的礼仪，不能发出声音，而且也不能嘴里一边包着一口饭菜一边张嘴和别人交谈说话。吃饭的时候坐姿也要比较端正一些，不要将手撑在桌上，或者把头低着挨着盘子吃。美国很多公司在招聘人才的时候，在最后一天一些公司的主管级人士会和即将受聘的人一起吃饭，这不是欢迎仪式，也不是普通的午餐和晚餐，而其实是一种特定的晚餐来观察即将受聘的员工是否是公司最合适的人选，因为一个简单的餐桌礼仪可以观察到很多平时不知道的细节，让公司最后决定这些人是否适合公司的远景和目标。

AA买单分得清：一般而言，和美国人一起外出吃饭，除非是别人明确地邀请你吃饭，否则一般都是个人支付自己的花费，即使有时候美国人提议说出去吃饭，但是别以为他/她会给你付费或者请客。美国人一般不用现金，都用信用卡或者借贷卡付费，因为身上带了现金一方面不安全，二来也麻烦，他们身上一般只带少许现金，以备特别之用。在美国，也基本上没有什么借钱的习惯，所以中国学生到了美国之后，除非万不得已，一般不要向任何人借钱，也不要借钱给别人。身上也不要带太多的现金，用卡相对而言是比较安全和方便的。

贺卡薄礼寄真情：美国人没有什么送礼的习惯，大多数是在母亲节、感恩节或者圣诞节的时候亲朋好友之间相互交换或者送一些简单的礼品，不会送贵重的礼物，除非关系非同一般和特殊需要。一般人就是在母亲节、感恩节或者圣诞节时以贺卡表达美好祝福和感恩之情，有时候也会买一些小的纪念品表示感谢。作为中国学生，在母亲节、感恩节或者圣诞节送张贺卡，或选择具有中国特色的小礼物送给老师和帮助过自己的人，也不失为一种礼仪和感恩，值得提倡。如果被邀请去美国家庭做客或者吃饭，也可以带一点东西送给主人，以示礼貌和尊重。

诚信至上：在美国，整个社会体制是建立在以个人诚信为基础的制度上，贷款、买房、买车或者各种交易都要查看个人的诚信记录等。说谎、乱吹牛或者说大话如果被人揭穿之后，名誉就会受到严重的影响，会被人认为不诚实，别人以后再也不愿相信你所说的话，即使是真的。所以在美国生活，一就是一，二就是二，不要夸大其词，也不要刻意渲染。此外，在国内大家也比较容易开一些善意的玩笑或者谎言，也认为这很正常，但是在美国就不能够随便这样了，不仅会引起别人的反感，而且会影响人际关系。所以在美国的学习和生活中，学会主动沟通、坦诚交流以及正确表达自己的看法和见解也是诚信的一种方法。

2.2 美国大学的社交活动

一如任何大学一样，美国的大学也是一个充满着社交生活的环境。美国的很多大学都是寄宿制，有些大学明确规定了大一的新生必须住在校内宿舍。学生大部分时间都是在学校范围内活动，除了学习之外，各种社交活动常常充斥着校园生活，尤其在没有考试期间的周末，学生们和社团都会组织各种各样的聚会和课外活动。中国学生到了美国大学之后，大多数都不太喜欢参加由美国学生组织的社交和课外活动，除了有文化差异和兴趣方面没有找到共同语言外，中国学生也比较喜欢自己群居，不和外国学生来往，也没有归属感。事实上，是否参与美国学生的社交和聚会活动可谓见仁见智，很多家长和学生都有不同的看法和理由，有的家长一味地强调孩子尽快融入美国社会，结交更多的美国朋友，等等。但是很多中国学生觉得和美国学生或者其他国际学生之间缺乏共同的志趣和爱好，因而刻意地排斥参加他们的社交聚会。有的则是不太习惯美国学生社交活动聚会时的风格等，觉得无聊而不愿意参加。过去多年来，笔者在美国大学学习、研究、教学和管理的经验表明，中国学生融入美国学生群体有很多的难度和挑战性，这也是中国学生不太愿意参与美国学生活动的重要原因之一。是否该融入美国学生群体，或者如何融入都是一些比较热门的话题，相对而言，很多中国家长比较喜欢自己的孩子多参与美国学生的活动。有时候中国学生也很为难,不知道如何参与美国学生群体的活动,也不知道如何给自己父母解释参与美国学生群体活动的难度等。从文化层面而言,中国学生喜欢组成自己的群体,讲中文、吃中国菜、居住在同一所公寓、参加来自同乡或者同一学校的校友聚会、一起外出购物,等等,这些都是无可厚非的,尤其是中国学生刚刚来到美国后,面对一种新的文化和社会挑战,需要一个适应过程,因而建立自己的朋友圈非常重要。当学生自己有问题和挑战的时候,有了自己值得信任的朋友,可以相互分享和鼓励,对身心的成长非常重要。但是中国的学生们同时也是在美国的大学上课和生活,所以也可以策略性地去参加美国同学们举办的一些活动,了解美国学生的文化和社会特色,对于中国学生的成长和开阔视野也是很必要的。试想,如果中国学生来到美国的校园学生和生活,也没有真正接触和了解美国学生和社会的一些特色,比如,休闲、娱乐、体育、食物、家庭以及族群等,只是从书本、报刊或者别人的口传中了解一些,那也就失去了在美国大学念书的部分意义,所以学生可以自我鼓励去参加美国学生们的一些社交活动。

事实上,很多美国学生也是非常热情和开放,而且容易相处,在和他们的相处中也没有什么太大的压力,聊一些不同的话题等,看看他们的生活风格,同时也能学到很多实用的社交技巧,对于中国学生未来的职业发展和个人生活都会带来很多的收获。当然,由于每个人都有不同的交友标准和兴趣,中国学生也不需要刻意勉强和要求自己去参加美国同学的社交活动或者交往美国同学。

在参加美国学生组织的社交活动的时候,尽管美国的法律规定，21岁以下的学生不能喝酒，但是还是有不少学生违纪私下悄悄饮酒。中国学生在参加美国学生社交聚会的时候，一定要提醒自己，滴酒不沾。除了一方面要遵纪守法以外，同时也要懂得自我保护。女孩子去参加社交活动的时候，一定不要喝别人给的酒水，即使瓶盖没有打开过，也不要轻易喝，因为有些时候，会遇到不好的学生在酒水里放一些药物之类的，喝了以后会不省人事而受到侵害，所以女孩子在参加社交活动的时候，一定严格要求自己，保护自己。有的时候，学生在聚会的时候，包括一些中国学生聚会的时候，会有学生吸食大麻之类的毒品，中国学生也有可能接触这些毒品，有的会不知不觉地误入歧途，所以中国学生一定要注意在社交场合的自我保护。目前美国很多州将大麻交易合法化，这就增加了学生染上大麻的风险，这就更要求学生要有自觉的防范和安全意识，远离不良人群和毒品。

此外，中国学生在美国留学的生活中，一定要交往几个关系良好、值得信任的中国学生作为朋友。在外求学和生活，难免会遇到这样或者那样的挑战和困难，家人和亲人不在身边，有几个好朋友对留学生活和学习都有很好的帮助。中国学生到了国外之后千万不要将自己封闭起来，而要积极地和大家友好相处，积极参与中国学生会组织的一些活动。

随着中国学生赴美留学的越来越多，在美国留学过程中呈现的文化冲击也越来越明显。很多学生在刚刚开始时不能适应美国的文化而面临许多问题和挑战，很多中国学生到了美国之后都会经过一段文化冲击或者震撼的适应期。在遇到文化冲击和挑战的时候，在遇到很多与自己的传统文化和价值观不同的现象的时候，中国学生应该保持冷静的态度，调整好自己的心态，并拥有自信，相信自己会很快适应。此外，中国学生也需要常常思考自己的期望和期待是否是合理和可能的，而非以一种过高的要求来衡量自己。在美国校园的生活中，可以慢慢地观察美国人的生活价值和行为模式，不总是以中国人的价值观和评判方式来评估。在学习和生活的过程中，主动接触和欣赏美国社会。虽然在网络时代，人们从多媒体渠道可以了解到很多有关美国的生活和学习，但是毕竟不是具体和现实的。因此，为了帮助中国留学生更好地适应在美的学习和生活，了解一下当地的风俗民情、生活习惯和礼仪禁忌，比如美国的一些主要节日如感恩节、复活节和圣诞节，等等，为尽快适应因文化差异带来的落差是很有必要的。初到国外的留学生要树立独立的生活意识，锻炼生活的自理能力，学会与人多沟通、多交流、不封闭自己，不死读书，才能够真正融入新环境、适应留学生活，从而真正做到健康留学，平安留学。

3. 美国大学的同学交往

3.1 如何与室友相处

在美国的大学里，大多数学校都会强制要求大一的新生住校，大二时可以住在校外。无论住在校内或者校外都有可能与美国室友或者别的国家的室友住在一起，无论是和哪些室友住在一起，都需要一段时间的磨合期，相互适应。无论是和哪个国家的室友合住，都需要事先有个约法三章，以免到时候出现摩擦、冲突和问题后说不清楚而让关系闹僵；如在校外住，要如何分摊各种开支和费用，互不欠账；清洁管理如何履行和安排；室友想让同性/异性朋友过夜，该如何处理（主要在校外居住的情况）？房间的温度应该调在多少才合适，因为有的学生喜欢更加暖和，有的则觉得不要太热。放音乐或看电视应该调到多大声？如果亲朋好友借居如何处理和分摊费用，等等。由于美国大学的公寓没有门岗看守，每个学生只要有学生卡都可以刷卡带外人进去，所以在校内公寓居住的时候，也要说好带外人进来的规章制度。一些美国学生会经常带异性朋友来寝室或者过夜，引起不便，更要事先把规章制度定好。当然，中美文化的差异和不同，室友间的相互理解和沟通也是很有必要的。如果遇到一些问题和挑战，中国学生一定要主动和美国室友沟通，双方澄清问题并理性地解决好问题。

在校内的公寓里，学校通常会在每栋公寓楼设立一名公寓主管和助理，以协助管理公寓楼学生的日常事务。如果在和室友居住的过程中，确实不好磨合而且相互的习惯会影响双方的休息和学习，有的学生会酗酒或者吸毒，那就要趁早告诉公寓主管和助理，尽快调整室友或者房间，不要觉得不好意思，或者一个人孤独地忍受宿舍生活带来的痛苦和挑战，从而也影响了学习和生活的质量。当然，无论在校内还是在校外居住，都不会预见所有可能发生的问题，如果发生问题或者误解以后，就要积极地处理、解决和沟通，杜绝类似这样的事情再发生而影响学习和生活。无论室友是中国人还是外国人，都需要将自己的贵重财物和资料保存好，以免发生失窃的事情。

3.2 如何与中国学生相处

在网络发达的全球化社会，无论是中美或者其他国家，都需要建立和拥有一种很好的人际关系网和朋友圈，对生活、学习和工作都有很大的帮助。上文提及，中国学生来到异国他乡的学习和生活，也会面对不同的挑战和困难，而且远离家乡，心里会有很多孤独的时候，所以也需要身边有些好的朋友，有什么事情可以互相倾诉或者相互帮忙。中国学生在交友的时候一定要注意分辨朋友的个性、人格和素质，具有良好的价值观和正能量，不能为了交朋友而交朋友，而是以诚相待。如果觉得交往中朋友出现一些问题，和自己的理念也相距太远，尤其在交往过程中遇到一些有不良嗜好的同学，中国学生要敢于做出好的决定，不要因为面子和其他的关系而受到伤害。同学和朋友之间的帮忙，也应该心怀感恩之心，感激之情，不要认为人家帮你是理所当然的。当然，在别人需要帮忙的时候，也不妨尽己之力，帮助他人。当然，交往朋友有时候也需要时间的验证，有的可能就是普通点头之交的同学，有的是通过别人介绍认识的，有的则是自己的好朋友，有的则是自己的密友。在交友的时候不要刻意去交往谁谁之类的，如果大家都很谈得来，有共同的理念和爱好，大家都具有良好的人品，当然关系就会走得更近，反之亦然。当然，即使是再亲近的好朋友，除非对方愿意告诉你，有些隐私或者个人的事情还是需要尊重。

3.3 如何看待美国社会和校园的种族问题

种族问题是美国社会立国以来一个长久的问题。美国是一个移民国家，真正的美国人是印第安原住民，其余的都是外来人口。随着外来人口越来越多，就形成了一个各种族裔构成的联邦国家。在一个多元文化和民族构成的社会，种族问题当然会常常出现。当然，在美国这个以白人为主的社会，其他种族就是少数族群，受到的待遇当然不一样。因此，少数族裔的情况就各不相同。在白人、亚裔、黑人和拉美裔（西裔）等族群中，种族歧视是事实而且处处存在着，即使美国是一个处处显扬自己是一个平等自由民主的国家和社会。在一个多元种族共存的美国社会和大学校园，中国学生也不必感到害怕或者恐惧。美国大学校园里种族问题和种族歧视问题并不像社会上描述得那么严重，偶尔可能会遇到一些带着有色眼光的教授和员工，但是大多数教职员工都是专业的人士，不会对学生有什么种族歧视或者差别对待。中国学生一定要有自信，对华夏文化和文明的博大精深、中国经济的增长和强大有自豪感，聪明和努力的中国学生也是让其他种族的人士所仰慕的群体。如果偶尔遇到自己的教授或者一些员工对自己有种族歧视的表现，学生可以向学院院长和管理部门上诉，以得到公正的对待，不要沉默不语、逆来顺受接受别人不公正的待遇。美国大学虽然允许学生有言论自由，但是通常而言绝不允许大学校园出现对某个族群的学生有种族歧视之类的言行。

4. 与家长保持常规联系

俗话说，儿（女）行千里母（父）担忧，尽管网络和科技时代，联系比以前更加方便，但是见面容易握手难，父母和亲友们对在大洋彼岸求学的子女亲人们的担心丝毫未减，他们牵挂着孩子们的生活、学习、饮食、出行、安全、健康以及各个方面的成长和发展。中国留学生到了国外之后，在忙碌的学习之余，也需要每周定期和父母亲人们保持常规联系，使父母亲人和孩子之间的关系更加浓厚和甜蜜，并珍惜每一次同在一起的时光。同学们在到了新的环境之后，应该及时将新的联系方式通知远在大洋彼岸的父母和亲人，以便有突发情况及时联系。随着大学生活开始以及未来的发展和成长，学生们和家长们共同相处的时间会越来越少，所以更要珍惜每次彼此相聚和联系的机会。

5. 美国大学的衣食住行

5.1 衣

中国学生在赴美之前，可以事先了解一下目的地一年四季的气候，再决定所带衣物，如果当地冬天时间长，气候寒冷，建议带一套厚一点的羽绒服（美国的羽绒服比较单薄一些）。美国是一个穿着比较休闲随意的国家，很少人追求名牌，而且在美国购买衣物更加便宜和方便。所以中国学生不需要带太多的衣物，到了美国之后在某个周末去附近的购物中心就可以买到自己需要的衣物。美国的冬天虽然冷,但是暖气也开得足,所以在室内一般不会冷。

由于大多数美国的学校公寓只提供床铺(床的大小与国内的型号不一样),不包括任何床上用具,比如枕头、床单和被盖等。有的家长会为学生准备压缩式被盖和枕头,有的则是到了美国之后再购买,为了出行方便,建议学生到了美国之后购买也来得及。美国大学生活也非常便捷,大部分的学校提供校车服务,有的学校每个周末会安排校车载学生到附近的超市购物,很多中国学生会也会在新生入学的时候组织中国学生到附近的商场购买生活所需的一些用品。新生有时候参加活动需要一套正装,所以可以带一套正装,以备不时之需。

5.2 食

舌尖上的中国孕育了一代一代的中国胃。中国学生到了美国之后,一个很大的挑战就是饮食文化。不少中国学生不习惯校园里那种普通的西餐味道,每天面对着汉堡、奶酪、三明治、比萨、意大利面条、炸薯条以及白水煮的蔬菜,有时实在怀念中餐的味道。有的中国学生很适应美国的食物,有的则不太容易或者需要较长一段时间适应。俗话说,民以食为天,学生每天更需要丰富营养的食物来补充体力脑力的消耗,吃好和睡好才能够保证学习的良好发展。有的美国大学因为拥有数千甚至上万的国际学生,因此会针对国际学生的多元化而搭配各种不同风味的异国食物；有的大学因为国际学生人数少，其餐厅则永远是美国大众口味的西餐，没有过多地考虑别国学生的饮食习惯和需要。所以，中国学生们在收到海外学校录取之余也可以学一两样拿手的中餐菜，课余之时可以丰富一下自己的小餐桌，为同学们之间的小聚会增加美味可口的家乡味道。目前在美国很多州和地区，中餐也是一种很受欢迎的食物，很多地区的中餐馆也提供外卖的机会，学生可以在网上预约外卖，也可以一起相约周末聚餐，调剂和改善一下伙食。

当然，中国学生到美国大学读书，首先在饮食方面也要做好心理准备，毕竟这是一个以美国文化和饮食习惯为主的国家，不像在国内的中餐随处可见，很多学校也不会刻意准备某个国家的菜系或者饮食。而且中国学生和家长们也需要意识到，这是在美国的校园，饮食文化不是按照我们中国人的想法和思维来做，学校也不会刻意考虑某种饮食或者照顾哪个族群的需要，因为这些都会涉及方方面面的一些程序、政策、成本和要求。

美国人除了茶和咖啡之外，经常喝冷水或者冰水，即使寒冷的冬天也是如此。中国学生由于从小生长的环境、饮食以及生活习惯不一样，所以到了美国之后饮热水也是一个小问题。大多数大学的餐厅都会提供热水，中国学生可以买一个热水壶或保温杯，装上热水饮用。美国的一些学校宿舍（主要是大一学生的公寓）是不允许用电磁炉烧水之类的，但是中国学生（尤其是女孩）习惯喝热水。在一般情况下，中国学生可以向宿管陈述由于身体的因素，不能喝冷水或者冰水，是否可以用电热壶烧水喝。有的宿管会拒绝，有的则是睁一只眼闭一只眼的。无论条件和环境如何,在饮食方面,中国学生一定要学会适应和调整。有时候,有的家长比孩子还要担心他们在美国大学的食物,其实家长们更需要鼓励孩子们去适应环境,不能一味地指责饮食如何如何。既然到了美国大学读书,就要了解到很多事情不会常常按照我们的意愿实现。

有的大学也要求住校的学生加入学校的在校用餐计划(Meal Plan),也就是说每个学期学生需要缴纳一定的费用(通常为两千美元左右),并存在学生卡里,每次在学校的食堂或者校内一些餐厅吃饭的时候就刷卡。有时候学生因为不喜欢学校的饭菜,所以到了学期结束时卡里还有很多存额,学校也不会退还给学生,而是收集起来帮助比较贫困和有需要的学生。学生也可以通过学校将卡里的钱捐助给一些学生组织的慈善活动和服务,或者在学校的小卖部购物,将余额用完。

在国外的学习和生活中,除非是很熟悉的同学或者朋友,否则不要轻易接受陌生人的食物或饮品。外出吃饭最好是约上几个人,尽量避免单独到酒吧喝东西,也要注意避免被别人下药或者放一些不健康的东西。美国的食品健康检查严格,相对而言具有保障性,但是在购买食物的时候还是需要检查日期,看看是否有变质的,最好是到大型和正规的商店去买。

5.3 住

对于大一的新生而言,很多私立大学强制要求学生在校内公寓住宿,一方面是出于安全的考虑,另一方面则是希望学生能够更好地融入美国的学校和社会文化。学生们刚刚离开故乡和熟悉的环境来到一个陌生地，需要一段时间的适应，所以住在校内的宿舍相对安全，并且方便学习和生活。尤其是冬天下大雪的时候，住在校内可以节约很多时间，虽然相对来说住在校内费用会高一些，而且没有住在校外那样舒服、自由和随意。当然，有的学生刚来到学校之后，因为文化和语言因素，还是喜欢住在校外，这种情况可以提前向学校提出申请和要求，学校通常还是会很人性化地同意。

　　室友的选择也是中国学生和家长的一个难题。美国大学在安排学生的室友之前通常会征询学生是否愿意住单间、双人间、三人间或者四人间。由于单间的宿舍有限，大多数学生还是和别的学生混合一起住。有时候学生也可以申请和中国学生一起住，但是不是每次都会如愿。由于学生来自于不同的文化和生活背景，作息习惯也不一样，所以需要很多的沟通。如果由于不同习惯实在影响了休息和睡眠，同时经过沟通和协调后还是未能解决，中国学生一定要和宿管提出更换室友的要求，不能够将就或者容忍，否则会影响学习和休息。当学生对周围的环境有了更多的了解之后，第二年通常来讲学生可以选择住在校外（可以根据学校的规定而安排自己校外居住的计划）。当然，从作为教师和大学管理层的角度来说，笔者不赞成中国学生住在校外（除非真的很难适应美国大学宿舍的生活和文化），因为大多数的中国学生还是比较喜欢和中国学生扎堆。如果在美国大学四年的生活里，和中国学生住在一起，时常讲中国话，那么就失去了大学校园多元文化和共融的一个特别的经验。如果学生坚持要住在校外，那尽量选择环境比较好、安全、离学校比较近的地方，否则生活、学习、外出以及饮食都会受到很大的影响。尤其是美国东部的冬天，下大雪时路况不好，平时 10 分钟的路程可能要半个多小时。如果晚上在学校图书馆复习到很晚回居住地，晚上校车停了以后，回去也是一个比较麻烦的事情。

5.4 行

大多数留学生在美读书期间都会使用公共交通或者学校的校车，留学生是否需要买车是一个很实际的问题。大多数留学生都是住在学校公寓的，学校一般都有校车为学生提供校园内以及附近的交通便利，即使在校外租房的学生也不会选择离学校太远，一般而言，学生用车的概率比较小。除非是特别的需要，美国的家长一般不会给自己的孩子在大学期间购买车辆，尤其是来自于外州的学生。因为种种因素的考虑，不少中国学生开始购置车辆以车代步，有的甚至购置了豪华轿车或者跑车，在当地美国居民和社区引起了很不好的影响。无论是否有买车的需要，都需要家长和学生本着负责任的精神、态度和实际需要去权衡和评估，而不应该以一种攀比和炫耀的心态来买车。

美国的驾驶和交通规则跟中国不太一样。在买车之前，首先要通过笔考和路考之后才能获得驾照。在笔试报名前，先到居住地附近的汽车监理所（DMV/Department of Motor Vehicles）拿一本该州的汽车驾驶人规则手册（Driver Manual），或者在监理所的网站上下载，进行一段时间的学习，然后申请参加笔考（笔考需要递交护照和学校的相关证明，以及一张被移民局拒绝的社会安全号信件，该信件陈述并证明学生目前的状况不符合获得社会安全号）。笔考通过以后，学生获得一张临时的学习驾驶执照，但是学生自己也不能够单独驾车，即使学生懂得驾车，副座也必须有一个拥有合法驾照的人在旁边，否则便是非法的。笔考通过大约三周或者四周以后，就可以通过电话或者网上申请预约路考。在路考时，需要携带学习驾驶执照、路考申请表、参考车辆的汽车保险及行车证明，一名具有合法驾照的人士陪同。路考一般比较简单，基本上包括如何更换车道、如何在路边停车、如何三点转车、如何在停车标记前停车、如何在十字路口左右转弯、如何在绿灯转黄灯时停车，等等。总体而言，美国驾照的笔考和路考更注重驾车的素质、道德和安全交通意识，而不仅仅是考驾车技术。

汽车交通安全

美国各个州的法律规定，开车时务必随时系上安全带。携带的物品无论贵重与否，都不要置于车内看得见的地方，以免引起歹徒觊觎而打破车窗行窃，一般放在后备箱会比较安全。在开车时不要接受陌生人搭便车，也不要理会陌生人在路边召唤而下车。开车的时候会在路上被警察拦下查问，中国学生千万不要按照在国内惯常的方式，离开座位下车来与警察争辩或者解释一番，这可是犯了大忌。美国的警察大概是世界上最有权力的警察，如果他觉得自己的生命安全受到了威胁，他们拥有很大的权限自我防卫而开枪。如果对警察开的罚单（citation）或者执法态度有意见，或者觉得自己受到了不公的待遇，学生可以找律师帮忙依法到法院申诉。在美国有些州，警察有时候会开着民用牌照的普通汽车在路上巡查，但是汽车里面的装配完全是按照警车的规格。当警察在路上发现超速或者对某车辆有怀疑的时候，通常会在后面跟踪一段时间，当你发现跟在你后面的车警灯闪烁的时候（无论是普通制式警车还是民用牌照的警车），都要立即停下来靠在路边，然后先把驾照拿出来放在方向盘前警察可以看得见的地方，将双手放在方向盘上等待警察过来询问。警察会停在后面首先用他的电脑设备搜查车辆的信息等，几分钟后会过来询问。在等待警察过来询问的时候，千万不要走出车外去和警察理论或者不耐烦，警察会认为你走向他的车对他攻击，而首先将你射杀。当警察向你的车子走过来的时候，一定要先将驾照放在明显的地方，不要临时去衣服袋子或者汽车内的盒子去拿，以免警察误认为你是去掏武器。

在美国读书的中国学生常常会有租车的时候，如果在租车时只签了一个人的名字，而中途却轮流开车，一旦发生事故，如果此时开车的人不在租车保险涵盖的范围内，那保险公司一分钱也不会赔偿，所以在租车的时候一定要确保所有驾车者都在名单上。在国外出行，遵守交通规则是非常重要的，有的中国学生来美国后仍习惯在国内过马路的做法，看看周围没有车或者自认为汽车离自己还远，即使遇到红灯也不管不顾、横穿马路，往往造成了很多不必要的伤害。

如果驾车时发生了交通事故，一定要保持镇静，就地停车和熄火。同时要注意保护现场，不要听信对方而将车辆移开现场（高速公路例外，要马上靠边停靠在安全地带）或者私了，因为如果没有正规的处理程序，保险公司不会赔偿。同时，交通事故发生后，要礼貌对待对方司机，在没有足够的信息说明谁的错误时，不需要随意或者轻易道歉，也不要冲动和与对方争执，以免对方有"路怒"的表现，贸然做出极端的行为，比如动武，或者甚至掏枪来威胁和伤害。由于国际学生毕竟是在别人的领土上的外国人，所以遇到有争吵的时候，要学会自我保护，息事宁人，好汉不吃眼前亏，等到事情处理之后，可以通过律师来起诉对方对自己人身和心理等的伤害，要求赔偿或者道歉等。通常情况下，无论交通事故大小，都应拨打911请警察前来处理，并对双方车辆和事故现场进行照相，以便保留事故证据和记录。在警察到来之前，应记住对方司机及车辆的相关信息，比如对方的驾照号码、姓名、电话，填入对方车辆的车主姓名、地址及电话。有些时候，司机不一定就是车主，因而需要从汽车的保险单上验证。当警察来处理好交通事故以及认证谁负主要或次要责任时，则可以开始联系保险公司进行赔偿程序。

虽然美国准许酒后开车，但是中国学生还是要尽量避免酒后开车，严格遵守交通法规，不超速，不抢行，不闯红灯。因为如果酒后开车（哪怕只是喝了一点点）出了交通事故以后，喝酒的一方总是会负主要甚至全部责任。美国开车注重行人优先，即使是绿灯直行或者往右拐，但是如果还有行人穿行，车子都要停下来让行人先走过去，以免发生交通事故。如果发生交通事故，车主也要负主要责任。美国的大街小巷都有很多"Stop"（停）的记号，开车时一定要先完全停下来，看看四周有没有行人或者车辆经过，才可以继续前行。即使周围没有车辆和行人，都要遵守"Stop"的记号，主动停下来再走。很多中国的学生没有停下来的观念，或者抱着侥幸的心态，但是往往引起不必要的交通事故。遇到救护车和警车鸣笛经过，无论从哪个方向过来，都要把车子停靠在路边，等救护车和警车通过以后再继续前行。如果开车遇到校车停下来并亮灯，一定要停下来，等车上的老师或者学生安全经过，校车关上"Stop"的亮灯后再启动，如果强行通过则是严重的违法，会受到严厉的惩处。

此外，在美国开车一定要买保险，汽车没有保险而在美国开车属于非法。保险的种类很多，留学生在买车的时候可以多了解一些有关汽车保险的事情，比如责任保险、碰撞保险、意外保险以及对方无保险或者保险过低。即使租车的话，也最好买保险，以防万一。在美国买保险时保险公司卖的汽车保险也有不同的价格，比如投保人的年龄、性别、违章记录、居住地点、婚姻状况、汽车类型等。当然，投保的项目越多，保费也越高。

自行车交通安全

中国学生到了美国以后，有的也会买一辆自行车用作交通工具或者用于体育运动。虽然美国人很少骑自行车，但是美国很多地区的街道也会划出自行车专用车道，每个州对骑自行车都有不同的要求，在买自行车之前，一定要了解规章制度。首先，在美国骑自行车一定要戴合格的头盔，自行车的两侧前后还要都有反光灯。自行车的前灯要求能照亮道路300英尺以外，自行车的红色后反光灯在500英尺处的汽车灯照耀下可以看见，车的脚镫子上要有白色的或者黄色的反光器，这样才算合法和安全，并且也可以保护骑车人和他人的安全。此外，一如汽车驾驶一样，骑自行车一定要遵守交通信号，在转弯或者换道时使用正确的手势，不能从右边超车，顺着交通车流人流，而不能逆着交通车流和人流，不要走人行道，最好安装一个声音比较响亮的车铃，主要用于警告行人你在自行车道。在遇到"Stop"或者让路（"Yield"）标识时，也必须像开车一样停下，观察路况再继续行驶。有的州不允许骑自行车的人戴着两个耳塞上路，至少要让一只耳塞空下来，以免听不到周围的声音而发生事故。美国某些州冬天下雪后天气寒冷路滑，建议骑自行车的人士尽量不要骑车。

5.5 学会做好预算

美国大学学费昂贵，每个州和城市的环境也不一样，因此消费也不一样。大多数来美念书的学生（本科生）都是自费的，尽管在美留学的家庭都能够承担留学费用，但是学生能够做一个比较好的预算也是很重要的。比如每年的学费、住宿费、生活费、日常的开销、旅行休假以及购书购物，等等，都需要做一个预算。预算不是一定要规定该花多少或者如何花销，同时也是培养自己做预算和理财的一个习惯和能力，因为钱都是来自于父母，所以学生很少专注到底花了多少钱，用在了什么地方等。美国学生从年龄很小时就开始做自己的预算，但是中国学生在这方面则还需要观念上的改变。此外，学生也要注意在交往朋友时不要随意请客吃饭，美国社会提倡AA制，大家一起吃饭，各自平摊费用，学生要根据自身的情况养成理财习惯，合理的消费，不要攀比。同时，不要轻易向别人透露自己的家庭经济和社会状况，也不要随意告诉别人自己的家人的状况。中国家长需要多了解孩子的具体需要，不能因为有钱就可以事事迁就和纵容孩子的消费和不必要的需要，这样反而对孩子的成长没有多大的益处。家长可以给孩子一张每月有限额的银行卡，规定每月按照当地的生活标准大概花费多少，养成学生良好的理财习惯。中国家长也需要多多鼓励孩子自己学会做预算，养成良好的生活、消费和理财习惯。

6. 美国大学生活安全注意事项

6.1 日常生活遵纪守法

美国是一个典型的法制社会，除了多如牛毛的律师之外，每个市、州或者地区以及联邦政府都有不同的法律体系。虽然美国人在普通的人际交往中有点不拘小节，但是美国是一个非常尊重和遵守法律的社会。美国人也处处强调按法律办事，做事大都有合约，双方签字，依法行事，如违反则按规定处理，也不会讲什么人情面。所以在和对方签字或者签署任何文件的时候，一定要弄清楚各种规章制度，以免到时候吃亏。在美国也很少有乱扔垃圾、随地吐痰以及排队插队的情况。一些在中国可能认为不是什么问题或者无关紧要的事情在美国可能就是大事情，留学生一定不要忽视在美国养成法制意识，以免无辜触犯其法律。比如在美国，法律规定孩子7岁以下不能单独留在家里，必须有成人看护。对各种动物要保护，如果宠物在车内闷热致死也会背上罪名。在帮助人的时候，要了解清楚是否是合法的，比如有人帮助别人在地铁站好心刷卡，但是却收对方的现金而被视为违法。有的学生看到别人摔倒而好心去扶，因为不懂得专业的方法而造成对方的再度伤害反而成为被告。这样的事情与国内提倡的见义勇为或者助人为乐精神不一样，所以应该是打电话报警，让专业人士前来施救。换言之，既然在美国的土地上学习和生活，那就要按照美国的方式、风格、习惯和法制来做事情，而不要按照在国内的那一套办法行事。此外，在美国的生活中，无论在何种情况下，言谈之间都不要有任何威胁或者暴力的倾向，如果觉得受到不公平对待，或者受到歧视和威胁，那就通过合法的正常渠道解决，比如律师或学校的管理部门等。有的中国学生和老师由于学习和分数有了一些纷争，无意之间流露出暴力倾向，老师本人和学校团体的安全受到了威胁，可以起诉控告学生，直至学生被递解出境。一般而言，美国警察不会轻易盘查别人，除非有特殊情况发生，当遇到有警察盘查的时候，不要惊慌、抵抗或者不配合警察盘查，也不要急于辩护或者掏证件，否则警察认为你在掏武器，就会被误伤。如果遇到了警察的无辜逮捕，一定要告诉警方，你需要律师的协助，这样保持执法过程透明和公正。国内21岁以下喝酒的学生比比皆是，甚至初中生饮酒的情况也不少见，但是在美国21岁以下饮酒是违法的，中国学生一定要注意节制，记得不要触犯这些规定，不要看到别人饮酒自己也去饮酒。在很多州，即使在副驾驶的位置上放打开的酒瓶也是违法的，必须要放在后备箱。

除此以外，在美国学习生活的学生也要远离色情。美国50个州对未成年人接触色情信息有严格限制。下面这些同学行为的严重程度仅次于非法持有枪械和吸毒。

2016年12月，美国新泽西州泽西市的一名中国留学生，把自己的电脑交给维修店修理时，被发现电脑硬盘内藏有儿童色情照片。电脑维修店随即报警，警方将这名留学生逮捕，并对其提出持有儿童色情影像指控，美国移民局与国土安全局也被通知。

2016年8月，一名17岁的中国学生进入纽约大学进行为期一年的语言学习。入住寄宿家庭1个月后，寄宿家庭的女主人发现了这位学生放在床上的iPad上有浏览色情漫画的痕迹，于是报警。这些学生的前车之鉴都警示学生要远离色情，因为上述学生的行为都构成了是仅次于非法持有枪械和吸毒的违法行为。

另外，在美国对可摄入烟酒的年龄也有严格限制，年满18周岁才可抽烟，年满21周岁才可喝酒。

中国留学生逐渐低龄化，很多未成年的学生到美国读书并不了解这些法律法规。曾有一名在得州就读高中的17岁男孩因在寄宿家庭吸烟，被寄宿家庭妈妈发现烟头并报警。次日，这名男孩就被带到警局备案，不仅面临被学校开除，还面临遣返回国的风险。

当然，家长不必过分担心孩子在国外会遇到遣返这些事情，毕竟出国被遣返不是常态。

但是我们的孩子在出国之前，一定要充分了解好当地的法律法规和风俗人文。

6.2 时刻牢记安全第一

美国幅员辽阔，各州的治安状况也不尽相同，对于国际学生来讲，了解自己所在州的基本法律，治安状况应该是每个学生和家长的必修课。比如说麻州的法律规定未满21周岁不能饮酒，很多中国学生在初中高中就开始饮酒了，到了美国之后，也去商店买酒，这就触犯了麻州法律。

随着中国留学生人数在美国各高校的不断增加，近年来也陆续发生中国留学生伤亡的事件，给自己和家庭带来了很大的痛苦。留学生到了一个陌生的国家和地区后，常常会遇到各种各样的问题。很多中国留学生在语言、安全意识、心理建设等诸多方面存在着问题。在一个不同于自己国家和文化的地区生活和学习，学生首先需要了解有哪些可能的援助方式。安全问题是每个学子都会遇到的问题，但是如果注意好自我保护和未雨绸缪的准备，家长们不必过于担心。一些突如其来的天灾，如地震、飓风、海啸或恐怖事件的发生也是留学生无法掌控的，但是学生需要学会自救，就可以把伤害降到最低程度。今日的留学安全不仅仅是人身安全，也包括留学生心理及学习安全等范畴。中国学生在留学出发前需要对当地法令法规、交通规则、自然环境以及人文有所了解。对于不同的宗教信仰需要具有尊重的态度而不是妄加评论。留学生在公共场合要表现平静，不要大声说话和喧嚣，以免引起当地学生或者居民的反感或者误解。在公共场合即使遇到了一些问题，要尽量躲避参与他人的争吵。街面上如果看见有东西掉在地上，不要随意乱捡，以防被敲诈或者受骗。在美国的大小城市街头都可以看见，很多在路边手拿一张牌子写着"请求帮助"或者"无家可归"字眼的人，或者有乞丐经过你面前装着可怜兮兮的样子希望你给他/她一块钱，这些都尽量不要过问和搭理，以免遇到坏人或者行骗的人。

6.3　校内安全

　　中国学生到了美国的大学之后，可以先联系中国学生学者联谊会，联谊会通常会有一些学长们为新来的学生提供帮助，新生也可以结交一些学长和学姐朋友。除此之外留学生所在学校的国际学生办公室，也是学生寻求帮助的最直接部门。当遇到一些治安问题或者法律的问题时，中国学生可以向中国驻当地使领馆、当地警方寻求帮助。美国人一般都用信用卡，身上很少携带大量的现金，中国学生来到美国以后，尽量不要随身携带大额现金，不要显露财富。美国的社会治安问题在不同的区域而有所不同，无论在任何区域，尽量避免深夜独行，外出时尽量不要在外面逗留太晚，在天黑前回到学校。如果有时候需要外出很晚才回公寓或者学校，尽量争取几个人一起同行。中国学生出门在外求学，应当保持一个学生的角色，保护自己的人身安全。

　　由于美国的大学都是开放式的，所以每一个人都可以随意进出，甚至在学生的公寓，虽然要刷卡才能进去，但也会有小偷或者罪犯趁别人刷卡时一起进入。因此，入室盗窃和小偷是美国校园比较常见的两种犯罪。学生需要养成妥善保管好贵重物品的良好习惯，一般不要在身上或者宿舍放大量现金。在图书馆时偶尔离开自己的位置或者上洗手间时也要把电脑和手机管理好，以免被别人顺手牵羊拿走。中国学生作为外地人，保持警惕和安全警觉很重要，但是也不要过于敏感。如果遇到问题，要记得立即拨打校园报警电话或者911，校警一般会在两三分钟赶到现场。

上文也提到学生外出参加活动或者社交的时候，一定要选择去一个安全的环境，并且让自己的朋友或家人知道要去的地方、跟谁会面、什么时候回来。一般而言，不要单独一个人去，最好是和熟悉的同伴和朋友一起去。手机预先充好电，对别人递来的食物和饮料保持警惕的心态（尤其是饮料，当然也不要过于敏感）。在国外念书，一般最好不要与还没有完全信任的人分享个人信息，如财务、家庭和住址等。任何时候到校园外或者到周边活动时，最好都要结伴而行，不要单独行动。美国东部冬天天黑得很早，有时候下午三点过后就天黑了。天黑以后，尽量不要到离校太远的地方出行。如果有各种比赛的晚间集训，或者校园活动，或者有期中或者期末考试，或者晚上有课，也要做好各种防护措施。万一遇到危险，比如小偷或者抢劫，最好不要和罪犯争执和拉扯，以免激怒他们而让自己受到伤害，这个时候最重要的是舍财保命。如果可能，记住罪犯特征，在报案时可以帮助警察抓捕罪犯。在紧急情况时，学校会通过电话、电邮或者在学校网站上公布信息来通知学生。美国的大学校园一般而言还是非常安全的，中国学生平时注意安全防范，注意自我保护，家长和学生也不需要特别的担心和紧张。学生可以在钱包里放20～40美元的现钞，如果遇到抢劫的，可以将现钞交给抢劫的人，他们通常只是谋财，不会有人身伤害。

三、美国大学的生活宝典

美国的校园与当地的社区和团体融为一个整体。美国校园安全是很多学生和家长关心的话题，总体而言，除了一些特定的个案和突发事件之外，美国大学的校园安全还是比较有保障的。几乎每一所美国的大学都有随处可见的"蓝盒子"（blue boxes，蓝色预警系统，它可以 24 小时拨打紧急电话，并成了美国每个校园不可缺少的东西，有点类似于中国的 110 电话），很多大学还为深夜在校园学习而往返于公寓和校园的学生提供免费的汽车接送和陪护服务。

美国的每所大学一般都有自己专职的校警或专责校园安全的办公室，为学生提供不同的服务。美国是一个联邦分权制度的国家，联邦政府、州政府以及市政府都会颁布不同的校园安全法律条文。美国国会在 1990 年通过《提防犯罪意识和校园安全法案》，也称为《克雷利校园安全法案》，该法案要求所有参与联邦学生援助项目（包括学生贷款）的学校必须定期每年度报告校园犯罪率和安全信息。年度报告要提供给每个学生和教职员工。美国国家教育部也制定校园安全手册，作为各个学校在这方面的指引，其中包括对罪案的记录和报告、紧急情况的通知和预警、年度安全报告等都有具体步骤，协助学校达到相关法律的要求。2008 年，美国《高等教育机会法案》又修改了校园安全法，并对各大学增加了与安全有关的要求，要求包括报告负责校园安全人员与当地和州执法部门的协调关系，设置并报告紧急情况下通知和疏散的程序，以及针对学生失踪、校霸、性犯罪和火警方面的有关规定。这些法案都是以预防和保护为主要目标，规定学校、社区和家庭在校园安全等问题上需要采取的方法和措施。美国教育部也建立专门机构，设立专项基金来帮助完善和落实校园安全计划，并制定危机管理的四个步骤：危机预防—危机准备—危机应急—危机后的恢复。

中国学生到了美国大学以后，一定要在手机上记下校园的紧急电话号码。遇到紧急情况，如突发事件、恶劣气候、课程取消等，大多数的学校也会有短信通知系统；很多学校还会定期给老师、员工和学生提供校园安全方面的讲座以及一些基本的自我防卫课程。在新生导航和迎新活动中，学校有关部门会安排专人为学生讲解校园安全以及需要注意的事项，学校的国际办公室也会定期或者不定期针对校园生活和安全等为国际学生讲解安全防范等问题。虽然学校和当地政府/社区提供不同的资源和措施进行安全防范，但是中国学生自己本身也要具有基本的安全防范意识，没有任何团体和环境能够完全避免犯罪和安全问题。

新生接受入学教育时，除了学校管理人员会开展安全信息介绍外，学校还会安排职业校警面向新生及其家长开设安全教育专题讲座，内容包括校园安全部门介绍、校园突发事件报警流程、常见各类校园安全案件等。很多大学在新生安全教育结束后，学校会发放新生手册等教育资料，并要求学生签字领取。大多数美国大学的每间宿舍内均设立烟雾感探器和自动灭火喷头，一旦宿舍出现火情隐患可以自动灭火，减少灾害风险。有时候学生需要在图书馆或者实验室学习到很晚才回宿舍，为了安全，也可以打学校的护送电话或者请校警来帮忙护送到家，这些都是学校为所有学生提供的免费服务，中国学生不要觉得不好意思而不愿意求助。如果开车送同学或者朋友回家，一定要等到朋友或者同学安全进了家门后才离开。如果在校内或者校外遇到突发事件，一定要保持冷静，看看四周的环境后再找机会逃离危险。

此外，如果遇到一些特定的事故，或者卷入了法律的纠纷，或者遇到不公正的待遇，可以向该校的中国学生学者联谊会联系，或者向学校所在的领事馆区域求助，不要轻易就去找律师，一来律师可能收费昂贵，二来如果有组织的出面和帮助，事情的处理会更好更稳妥一些，切记不要病急乱投医。

除此以外，还要懂得预防"狼老师"的侵犯。近年来国内教育界闹得沸沸扬扬的大学教师性骚扰女生或者博导诱奸学生的事件让人们对大学作为传道授业解惑的神圣"象牙塔"产生了很多的疑问。尽管有些教师得到了相应的惩罚，但是师生之间的关系和距离到底如何确定，师德文化如何保持，以及如何避免性骚扰和诱奸的个案再度发生等问题是高校管理的一个严峻考验。在美国有数千所的高等学府，既有享誉全球的常春藤大学，也有以普及高等教育为主旨的社区大学。那么美国的"象牙塔"是如何处理师生之间的性骚扰事件以及防患于未然的呢？

预防法律为师生关系画红线

美国的高等教育机构通常也会发生性骚扰的个案。2014年5月，美国教育部和联邦政府开始有目的性地调查美国55所高校是否合理合法公正地处理学校的性暴力和性骚扰问题，这些大学其中不乏有名校如哈佛、耶鲁以及布朗等。美国高校的性骚扰事件大多数发生在员工之间，师生之间发生性骚扰以及师生关系错位的个案较少。为了预防和杜绝对学生的性暴力、性骚扰以及师生关系的错位，美国的高校都成立了性骚扰预防及处理办公室，通过建立严格的制度来维护师生之间的关系,并保护每一个人。

教师手册严禁越轨

根据美国1972年颁布的教育法修正案第九条(Title IX)规定,在美国,任何人都不得因其性别被排除在接受联邦资助的任何教育或活动计划之外,或受到歧视。自从联邦政府颁布此法案之后,美国的高等教育院校开始严肃地面对此问题。

美国大学的教职员工手册都特别强调师德的重要性,教师不仅在专业和学术方面帮助学生进步和成长,而且在人格和道德方面都需要成为学生心灵的导师,引导和培养学生健全的人格、良好的情操。

教师手册严禁师生之间产生恋爱或者越轨的关系。学校认为,教师或者助教处于一种特殊的权力位置,具有足够的特权来左右学生,比如,考试分数、实习要求、推荐信以及其他方面的优势地位。处于劣势地位的学生,容易受制于教师的不良要求。如果教师或者助教与学生发生恋情或者性关系,那教师就是滥用了自己学术和专业的权力,严重违反了职业道德操守并且产生社会性和公共性的危害,因而不仅受到道德的约束,也受到制度的规范。

为了加强对教师职业道德操守的教育,美国大部分大学每年都会要求新招聘的教师熟悉教师手册要求,尤其是重视师生间关系的正常处理。此外,学校性骚扰预防和处理办公室也会到院校各个部门宣传如何预防性骚扰以及维持正常的师生关系等。学校认为,师生关系的越界和教师滥用权力骚扰学生,不仅违背教师职业伦理操守,同时也没有真正保证教育公平、杜绝权力滥用以及制止性别歧视。

爱惜声誉教师谨言慎行

美国的教师通常对学术声誉非常重视,因此一般而言他们都会谨慎地处理师生之间的关系并且严格遵守学校以及法律的规定。美国大学很注重师生之间的正常互动,比如课堂讨论、小组报告以及师生之间共同研究课题等。此外,教师每周都有定期的学生来访时间,学生会针对学习方面的问题寻求老师的指导和帮助。美国师生之间的关系一般比较简单,本科学生一般上完学期的课之后也会时常和老师联系,而研究生因为研究的缘故会和教授及导师保持比较多的联系和接触,但是通常也是局限于探讨学习和研究的话题,教授和学生之间一般不会单独外出或者待在一起。

学生和教师若单独进行学术或者课业交流,办公室如果没有透明玻璃或者窗户的话,门都会打开一部分,这种做法也是为了保护教师和学生。在美国高校,学生没有向老师送礼的习惯,最多就是一张谢卡或者贺卡,而教师一般也不会轻易接受学生的礼物或者宴请等,师生关系比较平等和平常。

对性骚扰零容忍

尽管师生恋情与性骚扰有本质的区别,为了避免相互之间权力的不平等带来的负面影响,大学在权衡学校、老师和学生三方的权益之后,禁止师生恋爱和浪漫的关系。很多大学的教师手册还规定,如果老师与其学生之间有浪漫关系或者性关系,那么教师将被禁止对此学生具有任何学术方面的权力,比如,教学或者辅导。如果教师触犯了这一规定,他/她必须在第一时间停止对学生的教学、评估和辅导工作,并且必须在第一时间告知系主任或者院长办公室,校方也会立即委派专业人士和主管部门进行调查,以获得公正透明的结果,并保护当事人的权利和隐私。如果嫌疑人触犯法律条例,则交由地区检察官和法院处理,承担相应的刑事或者民事责任,而受到性骚扰或者性暴力的学生可能还会起诉大学。

很多院校也规定,如果发现教师引诱、威胁或者以其他方式施压性骚扰学生等,那么即使是获得了终身教职的教授也会受到解雇。学校对此采取零容忍的方法来保护学生的权益不受到侵害,而不会刻意隐藏或者袒护。如果教师在语言上有挑逗学生或者肢体上有轻浮或者轻佻的行为,而且证据确凿,教师也有可能失去教学和科研的工作。自从美国1972年颁布的教育法修正案第九条实施以来,美国的大学都基本知道师生关系的界定、院校的规定以及法律的约束而不至于跨越红线,以维护师德的尊严,建立良好的师生关系,杜绝任何可能的利益冲突,促进学生的健康全面成长。中国留学生到了美国大学之后,也需要了解美国大学有关性骚扰等问题,学会保护自己。如果中国学生在和老师与员工的接触过程中,遇到了骚扰等问题,一定要学会用正确和合法的方法保护自己,不要息事宁人或者忍耐下来,要向学校相关部门报告,获得保护和帮助。

6.4 校外安全

虽然许多中国家长鼓励学生能融入美国的文化和社会,但是也需要选择性的取舍,交友一定要慎重,而非盲目的跟随,"见贤思齐，见不贤而内自省"是中国学生最好的自我提醒，尤其是需要远离行为不良、吸毒和酗酒的朋友和同学。随着在美中国留学生人数的增加，很多学生喜欢在校外租房。如果学生希望在校外租房的话，需要了解当地治安状况，住在比较好的地区和环境虽然租房价格稍高但也是值得的。一旦确定住所之后，如果可能的话，要向当地居民请教周围环境，注意是否设有安全措施等。在住所内时要注意不能随便给陌生人开门，如果没有事先预约（比如快递服务、水电修理、外卖，等等），也请勿为陌生人开门。女生在校外租房居住的时候，更需要注意自我安全防护。外出、夜间就寝前，应检查燃气开关、所有门窗是否关好上锁。每次做饭完毕检查是否已经关闭电源或燃气的开关，切勿留明火独自燃烧。此外，也要定期检查并熟悉住所内防火设备（如灭火器、报警器等），熟悉住处的紧急通道，一旦发生火灾后，不要轻易跳楼或者跳窗逃生，先看看具体情况再做出自救的方法。在租房的时候，一定要注意屋内有无烟雾报警器以及公寓楼的消防设施是否完备。在入住之前，需要清楚消防通道在哪里，整个楼内有没有消防栓，上下楼梯和走廊有没有易燃物品遮挡，以免发生意外时而不知所措。

美国大学的公寓基本上都是双人间、三人间或者四人间的，即使在校外住也往往会和别人一起住，因此室友的选择非常重要，但是无论在校外或者校内居住，都不会常常遇到与自己关系密切的朋友或者室友。中国学生要注意处理好各种关系，即使偶尔发生一些矛盾、误解或者冲突，也不要太冲动而导致情绪失控，要学会尽快稳定情绪、恢复理性的状态，尽量避免与他人争执，心平气和地解决和处理好问题。

一些重要的证件，比如身份证、护照、银行卡、签证和I-20表格等最好保留一份复印件。证件若不幸遗落，尤其是银行卡，应立刻以电话挂失。无论是和外国学生还是中国学生聊天的时候，尽量不要随便跟别人夸耀自己父母的地位、财富等，即使是好朋友也不宜谈论，避免信息互传误传造成不必要的麻烦。如果遇到陌生电话或者任何信息关于金钱的事情，千万不能相信，先冷静下来再度确认后才处理。作为中国公民的留学生，如果合法权益在所在国受到侵害，或遭遇不测需要救助，中国学生可以直接联系中国驻外使、领馆，反映情况和有关要求，寻求中国领事馆的帮助，拨打中国外交部全球领事保护服务电话：12308，国外拨打0086-10-12308，也可以告知家人或者亲友。在自己遇有紧急情况时，可以最快方式联系上自己的同学或者朋友，以防止意外发生。

此外，美国每个州、城市甚至小镇都有不同的法律和规章制度，中国学生到了美国之后，需要对美国当地法律法规、风俗习惯和文化背景有清楚的认识和了解，并懂得一些处事规则的重要性。留学生需要具备一些基本的意识，比如法律和风险意识、安全意识、非公民和文化冲突意识、健康意识，也要学会尊重身边的人、政府官员、司法人员、地方管理人员以及在校的同学、师长和员工等。中国学生在异国他乡与他人的交往中，一定要学会处理好和他人的人际关系，这是很多中国留学生来到美国的必修课之一，如此才能够拥有一个丰富和成功的留学生活。而提升自身的法律意识、安全意识、文化冲突意识和健康意识则是中国学生健康和成功留学的核心。美国的高校往往有很多不同的假期，很多中国学生常常会结伴到外地旅行，学生在旅行之前，应该对前往地的环境、治安、气候、饮食等有一个评估，保证旅行的安全，并且注意野外活动的一些安全规则，不要随意冒险。

中国学生到了美国以后，面对一个相对开放自由的环境，美国大学校园崇尚个性张扬的开放式教育和自由的个人主义，但是这并不意味着学生什么都可以做，自由是有前提和底线的。笔者在美国大学的工作中，常常会看到一些个案，比如一些中国留学生因学业不理想或者与导师的关系不好而产生负面情绪，对导师进行人身和语言威胁，或对公共设施进行恶意破坏，被校方开除学籍，驱逐出境。一些留学生因个人纠纷而大打出手，被当地警察逮捕拘留。一些留学生在校外非法打工，这种情况不仅不受法律保护，如果被发现还可能因为违反美国的移民政策而面临强制遣返。也有留美学子未经安检闯入机场内，引起机场关闭等大的混乱，从而被告上法庭。有的中国学生甚至无视美国法律，对在同一所学校上课的中国学生谩骂或者进行肢体伤害，有的学生在考试的时候严重作弊，这些在国内可能被认为无所谓的小事，或者认为家长可以帮助解决和处理的事情，在美国则会被起诉判刑和坐牢。比如2016年2月，美国法院以绑架、严重人身伤害、攻击罪以及攻击导致的严重人身伤害等罪名，判处3名中国学生各13年、6年、10年监禁，服刑期满后将被遣返回中国。虽然这些都是个案，但还是会给中国留学生整体形象带来负面影响，甚至会引发相关国家调整对中国人的留学政策以及当地居民的反感。还有些在美国留学的中国学生驾豪车在市区或者高速公路不遵守交通规则，都会给中国留学生留下不好影响。中国学生在美国学习和生活，这毕竟不是自己的国家，出了问题之后，也不可能以自己国家的方法来处理和解决问题，中国学生需要保持中国文化的传统，传承尊师重道的美德，同时遵守当地法律法规，尊重当地风俗习惯，友善、文明地与人交流和相处。

6.5 旅行安全

在美国的读书生活之余，很多中国学生会趁学校的假期在美国境内或者出境旅行，在开心旅行游览美丽河山和欣赏人文历史、风土人情之时，旅行安全也是一个需要注意的问题。自驾车需要特别注意交通规则，首先检查车子的各种状况是否合格，如果是租车的话，要多了解开车的功能，并同时了解路况，尤其是去一些高山地区，不要疲劳开车，做到安全驾驶，不要超速。很多中国学生也喜欢去海边旅游和游泳，切记一定要在安全区域游泳，注意当地的气候变化，美国人也比较喜欢一些风险较高的活动，比如海上跳伞等，中国学生一定要注意，美国人一般经验比较丰富，而且身体素质也好，所以有些活动虽然适合美国人，但是不一定适合中国学生，个人必须要量力而行，不能冒风险。搭乘飞机也一定要注意保管好重要的物品和证件。此外，外出旅行最好找至少一两个志趣相投的好友和同学同行，这样在旅途中相互有照应。在旅行时由于可能会遇到水土不服等问题，也可以准备一些基本的药品，比如感冒药、消炎药和止痛药之类的。在外出旅行时，一定要注意保管好自己的随身物品，千万不要外露财富，严防小偷与扒手，尤其在欧洲旅行，扒手可能就是站在你身边的绅士或者贵妇。不要随便和陌生人搭讪，也不要轻易相信别人的求助，等等。在一些地区和城市，尽量不要深夜外出，以防抢劫。如果不幸遇到持刀或者持枪抢劫的罪犯，千万不要和他们争夺或者激怒他们，这些人就是求财而已，你的生命比这点被抢的钱财更重要，可以告诉劫匪，你把钱给他，但不能伤害你或者抢走你的证件。之后等劫匪走了以后，可以立即报警。到别的城市或者国外旅行，一定要保持低调，财富不外露，也不要穿着名牌或者炫耀，以免引起别人的注意。在酒店入住的时候，也要管理好贵重财物和证件，对于陌生人敲门不要随便开，先从房门的猫眼看看，确定安全后再开门。

有的中国学生也喜欢探险或者参加户外活动，切记在美国的户外活动一定要装备齐全，户外活动的各种安全考虑和自我保护的措施必须要提前安排好，尤其是救生设备。对自然灾害、动物袭击、路线安全以及其他的安全考虑都不要掉以轻心。此外，在旅行途中也尽量和家人或者朋友保持联系，报备行程行踪，这样如果发生什么事情，别人也比较好出手相助。如果出行有时候不巧迷路或者走错了地方，也不要惊慌，先把车开到安全的地方停下来，然后再寻求帮助。尤其在高速路上错过出口的时候，也不要着急，可以开到下一个出口，然后再绕回来，不要急于一时而发生安全的问题。

6.6　预防诈骗

俗话说，天下没有免费的午餐。中国留学生在美国或者其他国家留学，在QQ、微信以及其他网络交流平台上最容易上当受骗。骗子一般盗用别人的头像和账号，欺骗学生家长或者学生各种各样不同的费用，有时候还会冒充学校的管理部门或者警方的邮件和电话，所以家长和学生一定要约好，如果没有经过本人亲自电话确认，即使再忙再急的事情，都要等双方电话亲自确认。此外，学生和家长有时候会收到诈骗邮件，比如冒充银行或者学校的邮箱地址（国外称之为 phishing），告知学生的银行卡或者学校的学费等有问题，让学生重新开设账号和密码，乘机就将学生或者家长的钱财骗走。因为这些邮箱的号码和正规的邮箱看起来非常像，只差一个字母或者一个符号，不仔细辨别，很难区别。所以中国学生和家长一定要切记，有关钱财的事情，一定不能疏忽和大意，即使邮件上说如果在什么时间之前没有回复和交付，账号或者什么会受到影响和冻结，都不要相信。美国大学的收费算是比较弹性的，即使通知上说明在什么时候截止，但是在截止之后的一段较长时间，学校会持续提醒学生把费用交清，不然会影响下个学期的课程注册。在国外念书，还有一种诈骗的方式，即有的社会机构（通常都不是正规和权威的）会给学生广发邮件，告知学生荣获什么什么称号、荣誉和奖励等，还说这些荣誉和奖励让学生的简历更加耀眼，然后邀请学生参加并交付一定的费用，诸如此类的信件也不要轻易相信。学生获得任何奖励和荣誉，一般都是先通过学校的正规部门告知学生，或者至少会有权威的公文加以说明和澄清。

6.7 网络安全

美国的书籍、音像、电影等的版权管理非常严格，禁止非法下载和盗版行为。如果需要相关的资料，可以先看看学校的图书馆有无可以免费合法下载部分资料或者下载合法软件。一些中国留学生到了美国以后忽略了版权而非法下载，各大网络服务供应商对非法下载用户提出警告，甚至下调网速直至暂停服务等惩罚措施，严重的还会吃上官司，遭到罚款或者判刑。在美国无论下载是否具有商业意图，这种下载都是违法的。所以中国留学生到了美国之后，对于在网上下载音乐、书籍、电影和软件之类的，不要轻易违规，也不要使用盗版软件。

6.8 社交网站注意言论

中国学生在美国留学不要随意用言语威胁他人，也不要在社交网站上发表威胁性言论。在中国，随便说几句狠话、威胁他人，可能不会被警察追究。但在美国，因为一时激动随口而出这样不负责任的话，很可能被警方带走甚至引来牢狱之灾。

2017年初，美国爱荷华大学的一名中国留学生在社交媒体上张贴持枪照，并威胁如果学习挂科就学当年枪杀多人的某某学生。随后，该学生被学校开除，枪支也被没收，两天后即被遣返回国。

也有个别中国学生因为考试成绩不佳而责怪教授，写信威胁教授后又在自己的社交网站上骂教授，该学生被校方告知因为在网上留言威胁和骂教授，被认为是危险人物，违反了校规，决定开除他，移民局官员称他必须返回中国。

由于美国移民政策的收紧，在进入美国领土时，海关已经加大了审查力度，检查携带行李，并有权力在质疑时查看入关人的社交软件信息。一旦发现具有欺诈性、威胁性的言论都有可能招致遣返，拒绝入境。中国学生在美国学习和生活期间需要谨小慎微，不要轻易或者随意在社交网站和平台流露一些不合规定的言论，以免为自己带来不必要的麻烦。

6.9 如何与警察打交道

美国公民根据各州的法律规定可以合法持枪，美国法律也授予警察现场执法和自保的权力。为了保护自身生命安全，警察在面对匪徒时有权开枪击毙对方。

曾有位留学生在高速公路上被警察尾随多时却浑然不知，待到几部警车团团包围时，他又在慌忙中打开车门下车，想向警察解释，结果立刻被几名警察用枪指着，命令他回到车里坐好。

如果遇到警察盘问，首先有一个很关键的动作是"手一定要让警察看到"。如果在车上，把窗户拉下来后，把手放在方向盘上；如果在路上，也不要在未经指示前，把手伸向任何口袋。

很多被警察开枪的例子都是在未被指示的状况下，自作主张要掏证件或是拿手机，尤其是在跟警察的争执过后。这在美国警察眼里是有危险性的动作。

现在的留学生大多有国内的驾驶经验，一般都认为中国车多人多，路况复杂，能在中国开车那么在美国开车就没有问题。实际上，在美国往往出门就上高速，行车速度快，和在拥挤但速度慢的国内路况下开车是两回事。

美国各州对中国驾照的认可也不尽相同。笔者所在的马萨诸塞州就不认可中国驾照在州内的使用，因此，驾车人必须申请考取该州的驾驶执照。在美国各州驾驶车辆违反交规都不得以美国的交通规则与中国的交通规则不同而为借口，在遵守当地交通规则的同时，还要摒弃一些开车的坏习惯。

2017年上半年，一名在纽约州立水牛城大学读书的中国留学生晚间因为酒驾被抓，当天晚上在警局度过，第二天被释放出来。他不仅需要上法庭见法官，还收到美国驻沈阳领事馆发来的通知，通知上写着他的F1签证被吊销。

早前，曾有一名18岁中国留学生在洛杉矶开宝马和警察上演"警匪追击战"上了新闻；在美国其他地方，也发生中国留学生超速驾驶撞死路人的惨剧。这些真实的案例显示，对留学生来说，在国外驾车不能掉以轻心。

此外，如果接到罚单，如果确认无误是自己违规，一定要按时缴清；如果超过时限没有缴清的话，罚金会翻倍上涨，甚至上统计名单。如果发现罚单有误，可以按照罚单上的电话号码，先打电话了解清楚，同时记得准备好不在现场的证据，有备无患。

另外，在美国，驾驶车辆一定要让行警车、消防车、救护车等特种交通车辆。领取驾驶执照时一定要认真学习和了解交通法规，为自己的安全负责。入乡随俗，遵纪守法，是每一个留学生的必修课。

7. 如何办理银行卡

基本上每所美国大学在开学之前为国际学生主办的迎新活动都会邀请当地比较大的银行（以美国银行 Bank of America 居多）派出代表前来为学生们讲解如何办理银行卡以及需要的相关手续，有时候还可以当场在学校为学生们办理银行卡。中国学生持中国护照（除了绿卡之外）在美国只能办理借记卡（debit card）而不能办理信用卡，办理信用卡则需要提供社会安全号码（social security number）。大多数大学的附近都会有很多银行，学生也可以自己去附近的银行办理银行卡。

上文谈到了美国人很少在钱包里放很多现金，一般而言，中国学生可以在钱包里放几十美元的现金，以备不时之需。若要到银行的 ATM 机取款，也要注意到周边环境的安全，一次不要取太多的现金。定期查看银行的消费记录也是一种很好的习惯，这样以免账号被盗用而不知。现在很多学生都喜欢网上购物，一来方便二来便宜，但是在网上购物尽量不要在公用电脑（比如图书馆的电脑）上登录个人银行账户或填写重要的个人信息，以免被复制和盗用。如果不小心遗失了银行卡，要立即打电话告知银行冻结，银行会做出相关处理，以免钱财受到损失。如果银行卡被盗用和盗刷，可以凭借报警凭证以及向银行的挂失凭证获得银行的赔补。

8. 如何获得社会安全号码

很多人都认为，在美国每个留学生都可以申请社会安全号码，这是一种误解。每一个美国人都可以申请并拥有一个社会安全号码，但不是每个留学生都可以拥有。

在美国拥有社会安全号码（类似于中国的身份证号码一样）对学习和生活都会有不少帮助，比如租车、租房、办驾照、办理信用卡以及购物等。中国学生由于是外籍人士，一般不能够自动申请或者获得社会安全号码。对国际学生（本科生）而言，获得社会安全号码最快的办法之一是在校内找一份兼职的工作，比如餐厅、图书馆或者不同的办公室，因为有了收入以后，学校国际学生和学者办公室就可以出示证明。学生拿到证明，加上自己的护照、学生证、入学注册证明、入学的 I-20 表、入关时的 I-94 入境记录（可以从网上打印），就可以在本地区的社会安全管理办公室申请一个社会安全号码。这个号码是个人的身份证明，需要严格保管，以防身份信息泄露。

9. 如何报税

美国是一个税收大国，美国的财政收入也主要来自于各种各样的税收。每年4月，是美国报税的高峰期。大多数学校根据联邦政府的规定，留学生如果个人收入超过 5000 美元（比如校园打工收入、助教或者获得的奖学金，在此需要注意的是，有的学校将奖学金看成是个人所得，有的则不是，所以就不用报税）就一定要报税。在校内兼职的学生或者获得奖学金的学生每年都会收到报税表格（或者在国税局的网站，学校的国际办公室等地方索取），分为居住外国人（Resident Alien）和非居住外国人（Nonresident Alien）加以区别，填税表前可以咨询学校的国际办公室自己属于哪一种类型。如果留学生没有任何收入或者自己的收入低于5000美元，则不用报税。遇到报税之类的问题，如果不是很清楚，可以多向学校的国际办公室联系，咨询相关的办法。

10. 如何就医看病

美国的医疗费用非常昂贵，每个州的法律规定学生必须购买医疗保险。美国各大学通常和一些具有良好信誉的医疗保险公司合作，为学生提供基本的医疗保险（但是国际学生大学本科的医疗保险通常不包括任何牙医保险，牙医保险在美国更加昂贵，去牙科就诊收费更是高得离谱）。普通的医疗保险主要针对学生在校外就医或者检查、住院或者需要开处方药之类的，医疗保险会包括大部分的医疗费用，学生则支付少部分。学生的医疗保险有的也包括视力保险以及旅行期间生病的医疗费用，学生可以详细了解所就读学校的医疗保险包括的权利与福利。保险费用是和学费分开交付的，但是每一学期注册缴费时，会自动进入学校的医疗保险系统。如果学生有另外的医疗保险，则需要告诉学校不需要，同时提供另外的医疗保险的证明。在美国读书一定要购买医疗保险。

美国每所大学都有自己的健康服务中心或者机构（University Health Service Center），为学生们提供普通的门诊/急诊、化验、健康咨询以及疫苗注射等基本医疗服务，在校内的就诊一般是免费的（有的则是医疗保险所包括）。如果遇到大学健康服务中心不能就诊或者治疗的病情，健康中心的人士会向学生推荐在校外的医院和专职的医生进行就诊，除了急诊之外，学生一般要提前预约，进行治疗以后，医生或者医院会按照医疗保险的标准收费（通常保险会支付大部分费用）。由于美国每个州的体系和制度不一样，因此每所学校的医疗保险计划也有所不同。

如果学生需要购买校外保险，一定要先明确保险的范围包括哪些，哪些属于自费或者只报销很少的部分，这样就比较清楚保险报销的比例，以及保险的最高额度，以及是否可以在不同的州和地区使用。如果购买校外医疗保险，学生一定要注意选择信誉良好的公司，不要贪图一时的便宜而受到影响。美国的医院一般不会直接销售药品，病人看了病之后，拿着医生的处方到外面的药房去买，比如沃尔玛、CVS、Walgreen、Target这些商店都有专门开设的卖药区域，有专门的药剂师帮助病人购药。

由于牙医保险在美国昂贵，去牙科就诊收取费用也相当高。因此建议学生们在来美读书之前，检查一下口腔和牙齿，看看是否有牙齿需要拔除（比如智齿），有没有蛀牙，有没有定期清洁牙齿等，以免到了美国之后牙齿犯病自己难受又嫌贵不到牙科就诊。（当然，到了美国如果牙齿确实出了问题，影响了学习和生活，即使贵也要检查和治疗，而不能只靠吃止痛药来减轻病状。）对很多留学生来说，头痛、发热、伤风、感冒这些小毛病，可去超市或药房买些药，或者自己从国内带一些治疗伤风感冒的药物自行解决。但如果病情比较重最好去医院找专业的医生就诊，千万不要为省钱或者偷懒而耽误治疗。此外，中国学生出国时所带的药，一定要检查是否是受到美国政府禁止的，以免在入关时引起不必要的麻烦。在美国，食品卫生和医药的检查非常严格，有些在国内很普通的药物，不一定允许在美国流通。

此外，当学生生病不能去上课时，或者错过了考试或者测验，一定要告知该年级的院长和任课老师，并递交医生的证明，以帮助学生补考或者不计入缺席，这样就不会影响总分。

11. 如何看待美国大学校园里的同性恋团体（LGBT）

美国社会对同性恋的包容由来已久，社会各机构以及大学对同性恋也保持开放和不歧视的态度和原则（至少表面现状和官方文件会如此强调）。同性恋作为一个少数族群的团体也是一个比较敏感的话题，虽然很多同性恋者并不忌讳在公共场合表示他/她们是同性恋者（或者双性恋、跨性别恋），但是社会各界的反应依然不同。每个州由于文化和传统不一，所以对同性恋的接纳程度不同，各个州的校园同性恋文化也呈现出不同的模样。经过各界人士的努力，美国大学校园对同性恋的接纳度也算比较高，至少没有被边缘化，并且一如任何大学的社团一样，受到学校和外在资源的资助等，拥有自己独立的空间并时常在校园组织一些活动。中国学生到了美国大学之后，也会耳闻目睹和遇到同性恋的同学或者室友，也许不太接受或者认同他们的生活方式和风格，但还是要保持尊重和宽容的态度。毕竟同性恋者或者具有同性恋倾向的人士也具有人的生命和尊严价值，而并非被排斥和抛弃的族群。他们作为同性恋者不是自己本身愿意选择的，而是有着天生的生理因素、后天的家庭生活环境和外在的社会影响所造成和形成的。即使遇到有同性恋者在自我介绍其是同性恋者时，也不必觉得惊讶，这是美国社会生活和大学校园里一种正常的现象。

12. 留学生心理健康与大学心理辅导中心

很多的研究资料显示，有很大比例的美国大学生有焦虑症和抑郁症，而且由于经济、财务、家庭问题、个人情感、文化差异以及学习和工作压力等多种因素，患焦虑症和抑郁症的学生人数在持续增长，不少大学新生也有过自杀的念头。美国基本上每所大学都有心理辅导中心，配备专职的心理治疗医生和专业心理咨询师来帮助学生面对心理问题及一些挫折和挑战。不仅仅是美国学生面临很多的心理压力，相对于本地学生而言，中国留学生的心理压力更大更多。中国学生面对现实生活、学习压力、语言文化差异等问题时常常会产生不良情绪。大多数的中国留学生在国外经常会出现思乡感、孤独感、抑郁症和挫折感，感到迷茫、身心疲惫、厌学以及失眠多梦。这种消极情绪没有得到及时有效的控制就会造成较为严重的心理疾病，比如无聊、困惑、彷徨、忧郁、焦虑、逃避现实以及自我封闭，严重的甚至有自杀的倾向或者最终走向自杀。所有这些心理问题和状态都不同程度地影响了中国留学生的学习和生活，也让远在国内和异乡的家长们担心和牵挂。

很多中国留学生都希望获得优异的成绩，为将来的工作和事业发展奠定良好的基础，同时由于家庭为自己的学习投入了大量的金钱，自己必须在学术上出类拔萃，才能回报父母的厚爱。这些思考和念头都不知不觉地给中国学生带来很多压力。学业的压力、与别人攀比或者教授们沟通的不顺，等等，也会给学生带来严重的心理压力。

当学生有心理压力的时候，不要一个人闷在心里，或者一个人孤独地面对。中国学生通常由于文化等因素，很难向别人表达自己内心的一些困惑和问题。但是中国学生必须要学会正视和面对自己的心理问题，除了常规地和父母等家人沟通外，在自己身边也需要有一些好朋友能够共同分享和聊天，帮助自己走出心理障碍或者迎接挑战。中国学生遇到挫折和困难的时候，要多与身边的同学探讨交流，美国高校的每一个学生都有一个专任导师，学生可以随时向导师请求帮助或者解惑。此外，在一些普通问题上也可以多多请教学长们。当面对生活、学习、语言、文化等挑战的时候，中国学生还是需要保持乐观的态度和精神，不轻言放弃或者自暴自弃，要理智分析并找到问题的真正原因，什么是适合自己的，什么是不适合自己的，才能够吸取经验和教训，并找到解决和处理问题的方法。此外，大学的心理辅导中心也有很多专职人员可以帮助学生调整和处理心理问题，而且都是免费的，中国学生一定要放下面子，去寻求心理医生和辅导老师的帮助。中国学生可以向父母、家庭成员、好朋友以及学校的老师或者心理医生倾诉自己的一些问题，看看问题到底出现在什么地方，有哪些可以解决的办法等。此外，当遇到心理问题或者压力过大的时候，中国学生需要学会认识自我，调整好自我的心态和位置，不要完美地要求自己，即使学习和生活上遇到了压力和挑战，那只是在成长过程中的一些小插曲，并不是学习和生活的全部，也不要轻易怀疑自己的能力或者自暴自弃。有时候遇到情感的困惑或者挑战的时候，也要尽量避免走极端的方法来处理，多和一些好朋友沟通聊天，把内心的一些苦闷倾诉，往往会获得更好的效果。上文提及，当学生毕业走向社会的时候，没有人会太在乎你在大学期间的成绩或者种种表现，而更在乎你的综合素质、平衡的人格和情商、沟通的能力、团队合作以及创新能力。中国的留学生没有必要勉强自己成为精英或者一定要卓越，一定要出人头地，一定要去"四大"会计师事务所或者华尔街工作。每一个学生需要养成良好的学习和积极的生活态度，不好高骛远地攀比，不为自己定下过高的目标，不要因为分数的问题而纠结进而怀疑自己的能力。

中国学生来到美国高校念书也需要欣赏和了解读书与求学的乐趣，并且以一颗喜悦和平静的心态面对每天的学习和生活，不骄不躁，也不要苛刻地要求自己。学会认识自己、欣赏自己、爱自己、爱他人，学会良好的价值观和态度，即使梦想不会马上实现，但是假以时日，未来的发展还是有很大的空间和潜能。中国学生需要把眼光放得更大更高更远，才能快乐地学习和生活。作为家长而言，也要多多鼓励孩子们乐观地面对学习和生活，不要把所有的希望和期盼压在孩子们的肩上，也提醒孩子们有了问题要及时和父母、老师和学校的相关部门或者辅导沟通。家长们也需要定期和孩子们在学习、生活、情感等各种问题方面多多交流和沟通，成为孩子的好朋友，让孩子能够开放和信任地向父母谈及自己的生活。如果看到孩子的成绩和表现不够满意和理想，不要马上责怪孩子，要和孩子一起耐心地分析问题的原因，找到可能解决的方法，然后重新制订合适的计划和目标。因为影响学习和分数的因素有很多，家长不要只看重孩子的成绩，还要关注孩子的身心灵的快乐和健康成长。

要关注孩子的情绪是否稳定，孩子的压力是否太大，孩子的身体是否健康，等等，告诉孩子父母永远爱着他们、陪伴着他们。

美国是一个移民国家，除了最早的美国印第安人之外，没有人是所谓的真正的美国人，几乎都是父辈和祖辈从欧洲或者其他国家移民来到美国的。在全球化的发展中，具有不同的族群、文化、语言、传统和信仰背景的人们相聚在一起学习和研究，即使是来自于中国的学生，也是来自不同的省份、城市和生活环境，因而常常会遇到不同观点的人。中国学生需要拥有一颗包容、接纳和欣赏的心去面对来自不同文化背景的群体，本着尊重和互相理解的原则进行交往和分享，即使由于很多种原因而无法有深度地发展，也不必勉强自己一定要达到什么程度，拥有一颗平常心去面对跨文化交往。在美国的留学生活中，也会遇到一些政见与自己不同的人士和学生，中国学生不必为了一个不同的政见而与别人发生争辩和争执，而是以理性的态度来面对。比如关于政治问题以及其他的一些国际和地区问题，中国学生尽量不要参与讨论或者发表意见，一切以学习为基础，广交朋友，不谈政治，以免受人误导。

在美国的大学校园中，虽然中国学生的人数是国际学生比例最高的，但是还是属于少数群体。中国学生一般都乐于互帮互助，特别是初来乍到的新生，即使同学之间愿意义务帮忙，但是在请求同学帮助的时候，中国学生需要保持感恩的心，不要认为这是理所当然的。同时，中国学生也需要在身边同学有需要的时候，尽力帮助。在美国社会有一种比较好的习惯，美国人一般认为如果他们有能力、时间和条件帮助的时候，他们会无偿地给予他人帮助，从来不会计较得失，也不会寻求中国学生的回报。所以有时候中国学生遇到了这样的美国人和家庭，不必感到意外，也不必怀疑他们有什么目的。

尽管很多中国学生来到美国之前，对美国的社会和文化有一定的了解，但是真正到了以后才发现面对的文化差异和复杂性以及挑战比想象的还要多。中国文化则强调内敛和稳重含蓄，所以在沟通的时候可以做到有的放矢，既对美国的文化和生活有所尊重，同时也保持自己的文化传统。在文化、教育与学术交流的过程中，美国文化和社会更倾向于直接和开放的交流，但是也特别注重个人的隐私。所以中国学生在美国的课堂上大可不必过于谦逊低调，学会不卑不亢地面对新的教育环境，以一种开放的态度来对待之。但是正如在上文提及的，由于文化和成长环境差异，中国学生需要坦然面对这种差异，顺其自然。

四、美国大学的实习兼职工作

国际学生（本科生）通常是全职学生，持F1的学生签证。按照美国联邦政府和移民局规定，持F1签证的学生不能够在校外打工，但是可以在校内打工，时间长短根据学生的具体需要而定，以免影响到自己的学习生活。如果在校内打工所赚取的钱每年超过5000美元，学生则需要向税务局报收入税。很多中国学生也希望在大学本科期间有工作和实习的机会，为将来的工作奠定一些基础和经验。选择在校外的工作和实习当然没有问题，但是必须是无薪的，否则就违背了移民局和联邦政府的规定。如果工作和实习的公司对员工有经济的补助或者奖励，但是数额不大，工作和实习的学生可以接受，但是切记持F1学生签证不要在校外打工兼职挣钱，如果被移民局或者学校的国际办公室知晓以后，学生可能面临签证被取消的危险，得不偿失。所以中国学生一定要正确面对校内和校外打工或者实习的问题和规定。

根据美国联邦政府的规定，国际学生在校内可以合法打工，也不需要申办特别的许可，但是需要保持全职学生身份（每个学期的学分不低于12个），在学期中的每周工作时间一般不能超过20小时，在假期时则可达40小时。如果有这样的机会学生可以申请，这并不是挣钱多少的问题，重要的是可以拥有一些实际的工作以及与团队合作的经验，了解美国的社会和文化，也可以多认识和接触人，增加自信和责任感。而且在校内的兼职工作可以获得社会安全号码的资格，相当于身份证号。有了这个号码以后，学生可以建立自己的信用记录，并且对未来的生活也有帮助。在校内兼职打工意味着学生也是该校的一名雇员，并加入学校的工资列表（payroll）。兼职工作的薪水一般是按小时来计费（hourly-paid），通常每两周（biweekly）付一次工资。打工时要签订正规的合同和协议，学生可以了解自己应有的权利和义务，以及需要承担的责任。

在校内打工主要是受雇于自己就读的大学的工作，比如去图书馆帮助摆放图书、在学校做餐厅服务员、去实验室里帮助实验、去体育馆做服务生、帮助某位教授搜集文献资料、在办公室做工读生等，都是比较常见的校内工作机会。通过学校的网站或者学校学生服务处的信息栏都有这些校内打工兼职的信息，学生也可以留意校园里、系里、体育馆和图书馆以及其他部门等地方的公告栏所列出的招聘信息。

其实，大多数的美国大学生从中学时代开始就有了做兼职工作的经验，美国很多富人的孩子在学习期间打工也是非常正常的现象，家长都会积极鼓励。在大学期间做兼职工作一方面可以挣一些零花钱，另一方面也是积累一些工作和社会经验。这些兼职工作不仅是关于一个学科的知识或者专业的学习，而且也包括学生如何在兼职工作中与他人合作以及解决和处理问题的能力。这些兼职工作一般不会对学习有什么影响（兼职的前提是不要影响自己的学习）。兼职工作可以帮助学生更好地合理安排和规划时间，了解社会生活，了解挣钱不是一件容易的事情，与他人合作共事等，进而能够更加体会家庭和父母的付出与辛劳，赚钱的不易，从而培养自己的责任感以及善用生活的一切资源。有的中国本科生因为专业表现优秀（比如在理工科方面），还有机会做老师的助教，除了有一定的收入外，在学术上也可以更好地发展。当然不是每一个中国学生都愿意或者喜欢去做一些兼职的工作，有些学生可能放不下身段和脸面，认为兼职工作是为了挣钱，而不愿意去做。其实这是一种很大的误解，美国很多大富豪的孩子在学校读书，都要自己去做兼职工作挣取自己的零花钱。以自己的劳动和智慧获得的收入，也更能增加自己的自信，在走向社会以后适应力会更强。但是中国学生在做兼职工作之前，一定要先看自己的个人情况再做一个妥善的决定。美国哈佛大学教育学院理查德·莱特教授的一项研究证明，大部分从事兼职工作或者志愿者工作的学生认为这些工作对他们四年的大学生活具有积极的影响，那些做兼职工作或者志愿者工作的学生的成绩并不低于没有做兼职或者志愿者工作的学生。

目前美国对有些学校也采用工读合作（cooperative education）的机会让学生工作和实习（包括国际学生在内都可以享受这一待遇）。工读合作指的是有些学校为了让学生把书本和课堂上学到的知识和实际工作相结合，便开设一些工作与读书相结合的课程，比如先在课堂上学习一个学期，然后工作一个学期，然后回到课堂继续学习。有的则是在课堂上学习一个月之后，学生需要去工作半年时间。这种工读结合的教育方法称为 cooperative education，简称"co-op"。目前在美国和加拿大的一些学校也有这样的项目。

但是目前这种项目尚未得到很多人的认同,对国际生而言在时间和经济上也是一种很大的挑战,即毕业的时间可能会延长。当然,也有的学生认为"co-op"适合他们的需要,除了对该学科有更多的认识之外,也能够帮助规划今后的职业发展,同时也可以获得工作期间的收入。学生如果有兴趣申请"co-op"的模式,也可以做一个尝试。

美国联邦政府和移民局对国际生在读书期间去校外工作有着严格的规定,并且需要经过自己学校的相关部门批准。原则上美国移民局不允许国际学生就学期间在校外打工,但是如果有特别原因,则需申办特别工作许可,比如学生所学的专业要求学生需要有工作的经历。学生需要经学校国际学生办公室批准,才可以合法地在校外打工。这就是平常所说的CPT,全称是Curricular Practical Training,这种实习相当于一门课,如果学生所上的专业有要求CPT,那学生就可以申请CPT,从而就有了合法的工作身份去做这个实习。(没有CPT而去做有薪实习就是非法打工。)批准CPT的主要权力在学生所属的院系和学校的国际办公室。如果院系对课程有这种要求,那么国际办公室很快就会批准。因为CPT算是一种课程的具体实习,所以学生在CPT结束后一般要向系里提供学习总结,系里按照总结给学生适宜的分数,有的是1个或者2个学分,学生也要为学分付费。虽然CPT是一门实习课程,但是学校不会安排实习的单位,具体的实习单位需要学生自己去找,有的实习可以有薪水,有的则没有薪水。如果学生所修的不同课程都具有CPT资格,学生们也可以多申请几个CPT,有的专业则没有CPT,具体的要求需要咨询院系和学校国际办公室。中国学生需要清楚的是，一般院校规定只有学生在学校全职修读满一年之后才可以申请 CPT（有的学校则要求至少半年以上）。CPT 的主要目的在于为持有 F1 签证的学生提供校外实习和工作的机会，而非为了学生打工挣钱，这样可以帮助学生们在学习期间能够更好地将所学的专业知识应用于实际工作的环境。同时，CPT 必须和所学专业或者课程有密切联系，是完成学业的必要组成部分，这一点学生所属的院系或者专业要求会有更详尽的说明，学生在选课之前需要和院系或者专业学科的主管部门多了解。上文也谈到，有的 CPT 是可以领取薪水的，所以一定要在学校的国际办公室填写申请。CPT 的时间一般不能超过一年，原则上超过一年以后就可能会影响毕业后 OPT（Optional Practical Training）的申请。

　　一般的雇主还是比较希望他们所招聘的员工有一定的工作和实习经验，这样就更能融入职场和工作。中国学生在不影响学习的前提下，也可以在学习的同时找一些和自己的专业以及兴趣相关的实习工作。实习工作除了去亲身体验职业之外，也可以了解真正的工作场所和环境，以及自己的长处与短处和未来职业的规划等。一些研究生和即将毕业的本科生也可以在实习期间建立很好的人脉和关系，这些对将来找工作都有很大的帮助。不少实习单位如果觉得实习生各方面的综合素质不错，其实还是很愿意在招聘新人的时候为这些学生提供更多的机会。当然，由于实习生都算是廉价劳动力，所以不少雇主还是比较愿意接受实习生的。实习生的报酬要看所实习单位的标准，正如上文提及，报酬不是最重要的，重要的是去积累一些经验，参与团队工作，学习与人合作，有些时候如果雇主觉得实习生不错，还可以对实习生进行一些特别的培训，有的雇主也很欢迎实习生到原来实习的单位和公司工作。所以，适当地选择实习的机会和工作，无论对于自身的成长和未来的职业发展都会有所帮助。但是实习并不只是去镀镀金，或者在简历上写有在某某公司实习的经验，以便将来找工作有帮助，而是一种机会和条件来充实自己、丰富自己。

国际学生在美国读书除了有实习，CPT 以及 co-op 外，在毕业时还可以申请 OPT。OPT 的性质与 CPT 基本相同，都属于实习范围，但是 CPT 可以在学生学习期间进行，而 OPT 的开始日期只能在毕业以后，两者的身份都是属于学生（F1 签证），但是 OPT 通常是全职的工作。学生毕业之后就可以申请 OPT，但是一般而言学生需要提前找好实习的相关单位和机构，申请时间可以咨询国际学生学者办公室（OISS），开始时间由申请人自行决定，但是要记住的是 OPT 还是实习或者工作的开始，时间是从毕业日期开始 60 天内的任何时间。普通专业的 OPT 申请实习的时间一般是一年（12 个月）时间，不超过一年。其他如 STEM 专业（自然科学、技术、工程、数学）则可以延长至三年左右。但是申请人需要具备两个基本条件：第一，未来的雇主需要加入 E-Verify 系统（即美国移民局和社会安全局联合推出的一种雇主系统，用于查阅雇主的信息、信用和资质）；第二，申请人的专业属于自然科学、技术、工程或者数学。

在大学期间的实习工作和机会对于留学生未来的工作和发展都会大有裨益，未来的雇主或者所报考的研究生院校都希望自己的员工或者学生具有一些实际的能力和经验。比如，一个理工科学生具有在研究室或者实验室工作的经历，对于未来找工作和考研会具有明显的优势。学习人文学科的学生如果具有一些具体的暑期调研、实习或者兼职的机会也明显具有优势。雇主和招收的学校和老师希望有工作和实习经验的学生，他们能够为单位、学校和团队带来熟悉的技能和特长，而非仅仅是初出茅庐的菜鸟。此外，在美国的读书求学之间，中国留学生可以做好计划和规划，多游历美国不同的地区，增加自己的见闻，读书行路相结合，充分利用四年在美国念本科的时间，进一步深入地了解美国多元文化和历史，也是留学生活一笔丰厚的财富。由于近年来美国联邦移民局对签证和招聘人才的要求的改变，美国政府要求学生所修的专业必要与将来的 OPT 工作相关，换言之，如果学生所学的专业是历史，那学生就不能够在生化等领域找工作，反之亦然。所以学生在选择专业的时候，也要对未来的工作展望有所了解。

1. 合理地安排暑假

美国大学所实行的学年安排因学校而异，有早学期制（Early Semesters）、学期制（Semesters）、学季制（Quarters）、三学期制（Trimester）四种。但是相对而言大部分的学校实行的是学期制，即从 8 月底或者 9 月初（美国劳动节之后）上到 12 月下旬，称为秋季学期。春季学期则从 1 月下旬上到 5 月上旬。春季和秋季学期又有不同的假期，比如劳动节、感恩节、圣诞节、马丁·路德·金纪念日、美国总统就职日（每四年一次）、春假，有的具有宗教背景的院校还有特别的宗教节日，比如复活节。如果大学是以学期制来安排，那么暑假就会基本上达到四个月。如何善用这漫长的四个月的暑假也是很多家长和学生们考虑的问题。上文提及，有的学生可能会利用暑假时间修读暑课。暑假期间，也有不少学生会选择旅游，增长见闻。很多美国的学生会按照自己的兴趣和专业发展选择做实习或者兼职工作，除了实践自己的专业知识以外，也是亲身体验社会生活和工作的机会，有的学生做兼职也还可以赚取一些零花钱，通过自己的努力和劳动获得相应的报酬。此外，也有很多学生会利用漫长的暑假去从事义工和志愿者服务，参加和组织公益与慈善活动，这些都可以帮助学生更好地培养自己的综合能力和素质，并在多元的社会生活中，一步一步地锻炼自己，而不需等到毕业之后才开始。每个学生可以按照自己的需求和兴趣从事一些实习、兼职以及社会服务的工作，让暑假生活过得更充实。

2. 积极参加志愿者公益活动

著名的脸书（Facebook）创始人扎克伯格 2017 年在哈佛大学的毕业演讲中提到："改变源于身边。甚至全球性的改变也是源自微小的事物——和我们一样的人。在我们这一代，我们的努力能否连接更多人和事，能否把握我们最大的机遇，都归结于这一点——你是否有能力搭建社群并且创造一个所有人都能有使命感的世界。"美国社会服务公益的志愿者文化具有良好的传统，从家庭到社会，从小学、中学到大学，上至总统下至普通平民，我们可以经常看到父母、子女、学生、员工和教授们参加志愿者公益活动和服务。这种活动和服务来源于对他人和社会的真正关爱，是一种奉献与服务意识，而不是逢场作戏、作秀或者为了在自己的简历上增加一个入学或者找工作的筹码。可以毫不夸张地说，几乎每个美国学生都参加过很多不同的社会志愿者公益活动（都是义务的真正的志愿者公益），他们自己组织募捐来赞助所从事的志愿者公益活动，以减少或者减轻被服务对象的负担。在服务意识和理念的推动之下，很多美国家庭和学生会利用业余时间从事公益服务，而并非只是简单地捐钱。他们除了捐钱捐物之外，更愿意亲力亲为去服务，把自己的时间、知识、专长和经验等与弱势群体分享，并培养公民的责任感。美国高校在录取时，也十分重视学生是否有做志愿者、义工以及参加各种公益活动的经历。对很多美国高校而言，做志愿者、义工以及参加公益活动的经历及其时间长短，可以看出一个学生是否具有社会责任感和公民奉献精神。一个缺乏社会责任感和公民奉献精神的学生，即使他/她的成绩非常优秀，也不是大学所期望的候选人。笔者的一位学生，过去数年来一直利用暑假的时间在青海和西藏地区的偏远乡村和山区从事公益教育活动，陪伴那里的残疾儿童和留守儿童，帮助他们学习数学、体育和艺术，并同时通过她的努力，积极鼓励其家人、朋友和同学们一起加入服务西部儿童的公益慈善活动，默默无闻地帮助那些落后地区的教育发展，并受到当地政府和群众的一致好评，获得了香港特区政府授予的国际优秀志愿者称号。作为一名大学的教师，笔者在美国的工作和生活期间，也会利用每周六的上午去学校附近一家儿童医院给 6～12 岁的孩子们讲故事。这些儿童很多都是来自于离异、家暴、移民、贫困以及失亲家庭，心灵遭受很多的创伤和痛苦。通过讲故事、聊天、关爱和专业辅导，让儿童们慢慢获得治愈和自信，重新面对新的生活。笔者的很多学生也数年如一日的去儿童医院参加公益服务，将他们在学校所学的知识与技能，同时也将他们的爱心带给这些儿童。每当我们躺在舒服的沙发上，坐在明亮的教室里时，我们看不到，也想不到，在世界的无数个角落，有着这样一群孩子，背负着比我们沉重许多的重担，那里有着许多需要帮助的孩子、成人、老人、孤独的人。这个世界上还有许多许多困难的地方需要志愿者的公益服务。中国学生到了美国大学之后，应该积极参加公益志愿者的服务活动，这并不是时间和金钱的问题，而是观念和态度的改变。中国学生可以合理安排时间去参加这些有益社会的活动，去体会和意识到人与人之间是一种休戚相关和相互依存的关系。在这个小小的地球村里，每一个人都可以奉献自己的时间与精力，我们可以通过自己的努力让这个世界变得更加美好。教育的目的是为了教育人，为了培养敬重生命和服务他人的人。适度和持续地参加志愿者公益服务，将会帮助我们了解一个真正的世界并成为更好的公民。花一点时间，去帮助他人，这是我们每个人都可以做到的。我们今年的全球化社会和地球村，不仅仅是去实现我们个人的目的或者需要，而是要创建一个有爱有服务有献身精神的公益社会，如此，社会和我们的美丽家园才能够得到真正的永续发展，这是我们每一个人的使命与召唤。

3. 大学就业服务和辅导中心

几乎每所美国高校都有就业服务中心，大学就业服务和辅导中心由专人负责，与学校其他部门合作和协调，为学生们提供不同的活动和平台，了解社会市场的需要和信息，帮助学生培养自己的能力。大学就业服务和辅导中心主要有两种功能：收集、整理各种就业信息，供学生随时查阅；积极发掘、邀请和接待雇主来校面试毕业生，举办若干次职业交流会、招聘会等。学生可以在就业咨询师的指导下，明确自己的求职方向，帮助学生自我评估，从性格、兴趣、专长等方面发现和了解自己，并申请相应的实习机会和条件。就业服务和辅导中心也为学生提供培训，比如如何制作求职报告、修改个人简历，以及如何面试等基本技能知识。为学生们提供详细的信息，比如适合该方向的专业、需要哪些职业技能、供参考的职业、寻找工作的途径和其他资源。美国大学就业服务和辅导中心并非是为学生找到工作，而是尽力帮助学生获得"捕鱼"的技巧，能够更好地走向社会和工作场所。因而，辅导中心会提供小组讨论、团队活动、研讨会、参观访问、短期实习、校外职业人士讲座等活动来为学生提供更多的经验和指南，增进学生对社会就业领域的了解与认识。中国学生如果希望在美国有工作和实习的经验，一定要多和学校的就业服务和辅导中心联系和沟通，多方面地建立良好的人际关系和人脉，寻找展示自己的舞台。

4. 校友关系网

美国虽然是一个讲法制的社会，但也是一个非常讲究"关系"的社会，正如在中国常说的，"有关系就没有关系"，在美国也是有"关系"就好办事，尤其是校友关系。良好的校友关系不仅对学校是一笔丰厚的财富，对于学生未来的工作走向和职业发展也非常重要。很多成功的校友们可以为毕业生提供就业的机会，或者通过自己的渠道和网络将毕业生介绍给他人。在美国，有良好的人脉推荐找工作成功率就会大很多，尤其是一些排名很高的学校，很多毕业生都在某个特定的行业工作，比如华尔街、IT界、投行、金融财务等领域，通过学校的校友网的求职推荐，获得的机会和可能性就很大。一些名校不仅仅在美国有自己很多的校友俱乐部，甚至在海外也有很多分部，帮助联系校友的聚会、分享、讨论和演讲，甚至也邀请一些专业人士来谈一些主题，为校友们提供一个优秀的平台，延伸自己的关系网和交流机会。在美国的很多行业，校友的一份推荐信能够在学弟学妹们的应聘中起到很重要的作用。在美国也好，或者在中国，能力固然重要，但是具有良好的人脉关系也非常必要。

五、 留学生和家长的共同成长

1. 教育是一种消费，不是投资

今天，留学海外已经成为一种平民化的现象。常常会听到很多家长或者学生说，毕业之后期望薪水多少，或者多少年把花费的昂贵学费赚回来等，这种说法虽然具有一定的道理，但是不一定客观和实用。与20世纪80年代初期那一代的留学生个人的艰辛打拼和奋斗相比，今天的留学生更是父母创业打拼积累了一定的财富之后，为了让孩子能够接受更好的教育和发展而送到国外好的大学去就读，所以这种教育从某种程度上而言就是一种消费（但是这种消费不是市场规则的消费或者为美国经济做贡献）。它不是一种投资（因为投资希望有更好更丰厚的回报），投入的学费和生活费用也许是将来学生毕业后需要很多年才能赚回来的，但是作为一种消费而言，家长有这个能力和条件为孩子的教育提供更好的资源和平台，这是无可厚非的。出国留学的思维需要从投资到消费观念改变，教育的目标不仅仅是为了获得文凭和学位，或者获得某种技能，也不仅仅是为了找到一份稳定的工作和收入，同时也是为了增加孩子的阅历，促进其成长，是了解多元文化的一个过程。换言之，出国留学不能视为家庭为了期待更高收益和回报的一种投资，而是在成长的过程中，为孩子的发展提供不同的平台和机会。出国留学的学生越来越多，他们的综合素质也越来越高，并愿意在国外大学适宜的环境中发展和提升自己。

所以家长和学生在求学的过程中，需要保持良好的心态面对学习的消费，而不仅仅着眼于未来的工作和赚钱。学生通过国外大学良好的学习环境和条件，努力全面地发展自己，成长为在全球化和国际化发展中具有责任、担当、才能的优秀人才，这才是教育消费与投资的真正价值，也是教育消费和投资带来的直接和长期的收益。换言之，孩子到了一个异国他乡开始漫长的求学之路，他们在这些国家和地区成长道路上的点点滴滴收获以及生活的能力，其价值和意义远远超越留学费用和经济效益。

2. 如何理性看待美国大学排名

目前美国大学排名主要分为五大类：全球性大学排名、全国性综合大学排名、全国性文理学院排名、地区性大学排名以及地区性学院排名。有的排名机构也对专业进行排名。学校和专业的排名在国家、地区和全球性的高等教育创造了一个新的力量。虽然这些排名受到了很大的批判和质疑，然而，公众、大学甚至有时候政府机构都很看重排名。个人使用这些排名的分类来比较自己需要去念书的地方，政府也逐渐地使用排名来决定基金的资助与否或者投入多少。专家们指出了一些共同的方法上的错误，大多数的排名仅仅依靠并不具有代表性或者可信度的声望排名，而且只衡量较少的变量,比如研究成果,或者分析在数据库里国际认同的出版物,比如科学引文(SCI)(但它通常包含少量的杂志),以及其他的方法。排名通常比照不同的国家、各大学以及一些学习的专门领域,比如管理和商业行政管理。在这些领域,对于排名的批判是很普遍的。国际大学排名更加注重以英语教学为主的,以及拥有更多项目齐全的领域(比如医学院之类的),和由政府或者其他渠道提供重大研究基金的大学。全球三个主要的国际排名机构——美国新闻和世界报道、上海交通大学的世界大学排名以及英国泰晤士高等教育排名(QS/Times Higher Education)——虽然三者的方法不一样,但是三者都强调研究成果与质量,其他的一些排名规则在大多数国家都存在。相比于美国家庭和学生而言,中国的家长和学生们更看重大学的排名,认为排名越靠前大学就越好,毕业后找工作也就更容易,这个想法虽然具有一定的客观性,但是也不能被排名所误导。总体而言,美国大学的排名从整体上也反映了大学在教育上的差异。除了世界三大大学排名机构(美国新闻和世界报道、英国泰晤士大学排名榜、上海交通大学世界大学排名)外,还有一些比较有影响力的大学排名机构如《普林斯顿评论》《商业周刊》《华尔街日报》《经济学人》《福布斯》等。但是由于每个排名机构的指标和标准不一样,比如美国新闻和世界报道的大学排名有7大类15个指标,7大类是毕业与学生保留率、本科学术声誉、新生质量、师资、资金来源、毕业情况、校友捐赠。而《福布斯》的指标及权重为毕业生成就、学生贷款、学生满意度、毕业率、学业成绩。在缺少其他获得国际承认和证明的形式下,大学排名已经帮助了许多个人了解巨大的国际高等教育的景观,但是排名也逐渐成为一种商业模式和行为。大学排名只能做个参考,因为大学排名是非常主观的。

在大学排名的利益驱动下,不少排名靠后的大学通过修改一些指标,或者转换一些教学模式等来提高大学的排名。事实上,家长和学生们在看排名的时候,只能当作一种参考而不是最终答案。学生和家长可以将大学排名列出来进行对比,综合考量其专业、环境、教育理念、口碑、气候、治安以及社会认同,尤其是自身的情况,然后再做出一个客观的判断。此外,按照研究型大学的实力、研究基金、师资、教授名望、国家级竞争水平等,著名的卡耐基高等教育分类法又将大学分为不同等级的研究型大学,最高等级为一级,之后为二、三、四级。

中国家长和学生一定要理性、客观地看待排名,不要一直抱着深厚的名校情结思想,要选择真正适合自己的院校和专业。美国人其实不太看重这个排名。但是中国学生和家长、亚洲别国的学生和家长特别喜欢,却不知道这个排名的不同标准。笔者经常跟美国的家长打交道,他们不会特别注重排名。比如好学校,大家都知道排名靠前的都是好学校。排名越靠前,越有雄厚的实力,这是不能否定的。但如果只是看排名,也是不全面的。像哈佛和耶鲁有些专业不是最好的,其他学校的专业更好。所以,有时候看专业排名可能更靠谱和实际一点。关键还是要看哪个更适合孩子,孩子怎么能够去,去以后如何适应。

美国人认为只要我的孩子喜欢、感兴趣,又适合孩子,那就去了。他们不会刻意地去冲刺常春藤,大家都知道常春藤很好,但是如果学生不喜欢,那他也不一定去,他会选择更适合自己的学校。美国人和亚洲的父母观点是完全不一样的。中国的家长和学生们需要更清楚地思考：何谓最好的学校？何谓最好的教育？好与不好之间都是相对性的，相对于谁，相对于什么？而不是盲目的随大流地追求名校情结。

3. 申请美国大学的基本要求

对于国际学生而言，申请美国大学的基本材料要求包括：四年中学成绩（GPA 分数）、托福成绩或雅思成绩、SAT 或 ACT 成绩、个人陈述、推荐信、课外活动（其他如在班上的排名、领导才能、个人专长等，有的学校还会要求面试）。

学生家长最常见的问题就是在这些学校的申请要素中哪些因素会占的比重大。其实美国大学的录取并没有统一的规定，每所大学都有自己的要求，有的注重学业成绩，有的偏向个人专长，有的要求领导才能，有的关心课外活动。总的来讲，美国大学通常把自己作为一个校园社区（University Community），学校努力为学生营造良好的学术氛围，这其中包括学习、科研、文艺体育等各项活动。因此，学校在招收学生时就会从不同的方面考查学生，生源的多样性才能带来校园文化的丰富多彩。对于有志申请美国顶尖大学的中国学生来讲，应该早规划早准备，除了准备相应的标准化考试之外，更应该注重全面培养自己的各项才能。

四年中学成绩（GPA 分数）

四年中学成绩（又称 GPA 分数）系指 9、10、11 和 12 年级的成绩。从历年美国大学录取的数据分析可以清楚看出，每所学校都认为平时成绩是最重要的，这反映了学生持续的学习能力是最被看重的。随着留美学生的低龄化，对于选择来美国读高中的学生来说，能否以优异的成绩完成美国高中阶段四年的学习至关重要。

托福（TOEFL）或雅思（IELTS）成绩

这是国际学生申请美国大学的必要条件。由于英语是国际学生的非母语，就读美国大学必须提供相应的语言成绩来证明学生可以顺利地完成学业的能力。

SAT 或 ACT 成绩

SAT（Scholastic Assessment Test）和 ACT（American College Test）均被称为"美国高考"，它们既是美国大学的入学条件之一，又是大学发放奖学金的主要依据之一，同时它也是对学生综合能力的测试标准。这两个考试的成绩均被美国四年制大学承认接受。

SAT 是由大学委员会（The College Board）组织的测验，是进入美国大学的入学考试。美国有 3500 余所大学把 SAT 成绩作为大学入学标准之一。国外其他大学也有把 SAT 成绩作为入学标准。每年有超过 200 万名世界各地的考生在上千个考点参加 SAT 考试。SAT 考试分为 SATI 和 SATII。SATI 也叫 SAT Reasoning Test，SATII 也叫 SAT Subject Test。和 SAT 考试不同，ACT 考试更像是一种学科考试，它更强调考生对课程知识的掌握，同时也考虑到了对考生独立思考和判断能力的测试。ACT 考试分为四个部分：文章改错（English）、数学（Math）、阅读（Reading）和科学推理（Science Reasoning）。作文部分通常作为选考。从时间上看，ACT 考试比

SAT考试时间紧张;从难度上看,ACT考试比SAT更容易一些,尤其对中国的考生来说,选择ACT考试可能更容易在短期内获得相对满意的成绩。

课外活动(如在班上的排名,领导才能,个人专长等,有的学校还会要求面试)

顾名思义,课外活动就是指学校规定课目之外的所有活动。可以是音乐、舞蹈、体育、绘画、义工等。除此之外,也可以是摄影爱好者、园艺爱好者、天文爱好者,或是旅游爱好者。课外活动评估的目的是让学校看到学业成绩外学生的另一面,来判断学生是否是一个全方位的学生。

个人陈述

每所学校都要求申请者提供二至三篇长短不一的个人论述,长的要求大于600字,短的则不长于250字。个人论述有指定题目,也有自选题目。个人论述就好像是学校提供给申请者一个平台,让申请者把自己的生活、学习过程与心得具体呈现给学校,不必重复学业成绩、各种奖励或课外活动等,而是要将这些表现背后的内容更真实地呈现出来,让你的资料在众多申请者中脱颖而出。而一篇好的个人论述,不只是要用正确的语法和词汇,更要让学校的招生官发现学生的优秀特质。每一个孩子成长的道路都经历了自己的故事,平时写随笔,记感想,就可以在申请时整理自己的故事,把精彩的片段展现给学校。

推荐信

美国的学校和工作用人单位非常注重推荐信的作用。一般学生都会找对自己最了解的老师和自己最强课目的任课老师来写推荐信。但有些大学会明确要求某个科目老师的推荐信。很多学生家长有一个误区，认为推荐老师的职位越高对自己越有利，有人甚至找校长或名人写推荐信。其实，推荐信是要求推荐人真正了解和熟悉学生，帮助招生学校全方位地了解学生。大学的招生官一定会关心推荐人和被推荐人之间的熟悉程度，他们认为只有那些教过学生的老师才能了解学生，他们的推荐信也才有分量。

申请表格

有的学校采用通用的申请表格，有的则采用自己独立的申请表格。申请表格要由学生亲自填写，内容包括个人资料、家庭成员、所学课目、课外活动、个人论述等。所有工作都由学生自己来做，如有虚假，后果自负，并在声明栏中签字以示负责。

申请费

递交申请表格前，你必须先交申请费，否则无法递交申请表格。

递交申请（可能安排面试）

所有的资料都准备好（包括个人论述、申请表格、申请费等），就可以直接上网递交申请表。有的学校会安排面试，有的学校没有要求。面试不需要特别准备，也不需要紧张，一般面试都是以聊天来进行。如果需要面试，学校有可能会安排校友来联系学生，或按照学校的要求联系校友。面试报告不会增加录取的概率，要特别注意的是一份负面的报告一定会影响录取概率。

除了这些基本的申请材料要求之外，大学录取时还会不同程度考虑一些其他的因素，包括：学生的性格特点、校友亲属关系、是否本州居民、宗教信仰、工作经历等，根据对这些因素的考量，学校一般会分为以下几种情况：

VI = Very Important（非常重要因素） I = Important（重要因素）

C = Considered（会考虑因素） N = Not Considered（不考虑因素）

总之，美国大学的申请招录过程是一个综合全面考查学生的过程，按照这样的目标全面发展自己的人格，培养良好的品质，拓展自己的兴趣爱好，积极参与社区的公益活动，使自己成为身心健康、乐观豁达、积极进取、担负责任的有用之才。

4. 对祖国的认同

一百多年前，中国留学生满怀救国意识和远大抱负远赴日本与欧美，翻开了中国留学生历史的新篇章。一百多年后的今天，留学已经逐步大众化，越来越多的中国学生负笈海外，也许缺少了早期留学生们的那种救国救民的理想和抱负，但都在为实现自己的人生目标而奋斗和努力。从1882年美国加州的《排华法案》，到2011年10月美国联邦政府正式就此法案向全体在美华人道歉的一百多年时光中，华人在美国或者欧洲的地位也是颠簸沉浮地起起伏伏，受到了许许多多非常不公正的待遇和歧视。改革开放四十年来，随着中国经济的不断发展，国力的强盛，中国在世界舞台扮演着越来越重要的角色，全球华人的社会地位也得到了进一步的认可和提升。海外华人地位和尊严的提升在一定程度上取决和依赖于中国国力的强盛，否则，在很多地区和国家，他们依然是受到排挤和歧视的对象（虽然当前在不少国家作为非主流的华人还是会或多或少地受到影响）。中国留学生到了海外留学，接触到不同的教育理念、体系、文化、风俗、传统等，在某些时候难免会不知不觉地受到影响，失去对自己身份、固有文化的认同和清醒的认识。中国留学生需要清楚地意识到，无论何时何地，只有自己的祖国强盛了，只有自己深深地认同自己的中国人身份，自己才能够受到别人的尊重。中国留学生的血脉中永远流淌着中华民族的血液，永远是中华儿女、龙的传人。

5. 培养良好的心态

中国学生在什么年龄和阶段出国留学一直是很多家长和学生探讨和纠结的问题。事实上也很难找到一个标准的答案，这要看每一个人具体的环境和条件。有的也许适合出国，有的则不一定，学生和家长不能盲从别人的影响，但要深思自己是否做好出国留学前期和后期的各项准备。每一个学生在出国后，会按照自己的认知对世界和环境有新的认识，也会在不知不觉中影响自己的品格和性格。在异国他乡求学和生活，往往会面对不同的挑战和挫折，失败也在所难免。有的学生在国内的时候可能会很开心，也受到家长、学校和老师们的喜爱，但是到了国外之后这些光环和关注没有了，因而觉得失落和孤独。有的学生在高中阶段成绩优异，到了大学之后，有时候考试的结果也许没有自己期待得那么高或者获得理想的分数，可能会感到气馁甚至怀疑自己的能力而压抑自己。两种文化和传统的交汇与博弈让中国学生的一些优势边缘化，也会有些无助和挣扎。但是成绩分数的高低不是评判一个人是否优秀的唯一标准，即使偶尔考得不好，未来仍然还有机会取得良好的成绩，假以时日，不断地沉淀和充实自己，效果会更好。面对初来异国他乡的孤独、文化的冲击、食物的不习惯、偶尔的失落、语言和学习压力，很多留美学子会有不同程度的心理压力，在这种情况下，中国学生要尽量调整自己，以乐观积极的精神面对这些成长过程中正常和自然的挑战，而不是逃避和畏惧，或者放弃，或者把自己封闭起来。无论是遇到生活、学习、实习或者其他方面的问题或者挫折，记得一定要多和熟悉的同学朋友、学长学姐或者家人沟通，可以获得一些相对有用的经验和指南而少走弯路。此外，在面对挫折和问题的时候，一定要静下心来，仔细分辨和思考，从中吸取经验和教训，同时找到事情的原因，理智地面对，为以后的学习和生活积累更多的经验。笔者在哈佛学习时一位教授常常告诉大家，"五年十年以后，没有人会在乎你在高中或者大学的分数成绩，也不会在乎你从哪个学校毕业的，而更在乎你的综合能力和素质，你平衡的情商，你的领导和团队合作能力，你的责任和爱心，你的服务精神，你的人品。"所以中国学生不要因为暂时的困难、失败和挫折而有压力，应当继续保持乐观、积极、自信、豁达的精神前行。遇到有焦虑或者压抑的时候，多和好朋友们谈谈话，减轻压力和重负。

  过去十多年来，留学美国和海外成为一种平民化的趋势，越来越多的家长愿意把孩子送到国外学习。平心而论，送出来的孩子们大多数都很优秀，而且也很上进和努力。除了在出国前家长们为孩子留学（考托福、SAT、联系中介、找学校和选专业）所耗费了大量的精力之外，孩子考上美国大学之后，家长又忙碌于订购机票，担心孩子们穿什么、盖什么、行李如何带等（这些事情孩子们其实自己就可以轻易搞定的）。随着孩子们漂洋过海，家长们的心也从大洋此岸漂到了彼岸，继续牵挂和陪伴着孩子们。在国外读书的中国留学生面临的挑战远比国内的学生们更大，单从语言、文化、起居、出行和饮食等方面，中国的孩子就要面对比常人更多的一系列的压力。从出国前的那种兴奋和渴望转为对孩子们到了新的环境后的担忧和牵挂，很多家长常常担心孩子到了美国以后生活是否能够适应、饭菜是否能够吃得好、同学关系是否好相处，等等。生命就是"不断的相遇和离别"。如果不学习妥善告别，就永远学不会与新的人相遇。中国留学生不要因为害怕改变就躲在沙发里，这将导致生命视野的封闭。青年人需要克服成长与改变的恐惧，接纳扩展视野、与新伙伴同行的挑战。我们只有向他人敞开心灵，聆听他人，接纳他人，与他人分享，才能改变世界。

此外，在孩子们离开熟悉的家庭，没有每天在父母身边，出现的空巢期也让家长们对孩子百般地担心和牵挂。但是，家长们必须要认真面对孩子们不在身边的现实，以及学会如何和远方的孩子们沟通。在美国的大学里有一种说法，管那些每天对孩子耳提面命、事事关心和担心、过分保护和干预、凡事事无巨细地为孩子们计划和打算的家长叫"helicopter parents"（直升机父母，每天旋转在孩子周围）。事实上，孩子既然选择了出国，父母首先要有信心，相信孩子们会照顾好自己，毕竟孩子们也算是十七八岁的人了，基本的自理能力应该具备。很多家长一听到某地发生了什么，就马上推己及人地想到自己的孩子等。这是很正常的反应，也是为人父母基本的关爱和关怀。但是相隔万里，远水解决不了近渴，家长们需要冷静下来，找到合适的渠道了解事情的真相，并相信在美国的大学以及社会体制，还是有足够的能力照顾和保护好孩子的成长。如果家长每天担心牵挂，或者强迫自己给孩子联系或者留言，结果反而造成孩子的逆反心理，只给家长报喜不报忧，甚至每次只给家长留下"不错，很好，都好"之类的几个字，而不愿意多和父母交流和交谈自己的学习和生活，以及学习和生活中的一些问题和挑战。良好的家庭教育，就是要给孩子提供一种适应各种环境的包容性，遇到问题时不要先责怪他人和环境，而是先想想自己有什么问题，并学着用豁达的心态调适自己。家长的修为和人生观，都会直接影响到孩子。一个常常焦虑和功利的家长，一般而言是不可能带出一个宽容快乐和服务他人的孩子。家长们一定要先珍惜自己，反省自己，活得健康和快乐，以具体的行动来鼓励、引导和影响孩子。在孩子成长的过程中，培养他们对自己、对他人和社会负责的精神和担当，培养孩子良好的品行。

　　事实上，亲子关系的建立更在于父母和孩子平时有良好的沟通和坦诚的交流。要晓之以理，动之以情，该严格的时候就需要严格，而非一味地迁就和放任，这样反而会对孩子的成长带来消极和负面的影响，尤其是孩子长大走向社会工作之后，他人不会像家人那样对自己包容。这种关系的建立，并非在孩子出国以后才重要或者开始建立，而是在出国之前的生活中就养成了良性的互动和循环。家长需要时常鼓励孩子在困难面前不要畏缩和气馁，学会展望未来,懂得悲天悯人,冷静镇定地面对每一天,相信通过自己的努力、学校的帮助以及家人朋友的关爱,一定会逐步实现自己的人生目标。中国学生在美国的学习和生活中,自己的生活和文化价值和观点,以及自己的心理承受能力也会受到一些冲击,比如学习压力、人际关系(和中国同学以及美国同学)、遇到挫折、面对暂时的失败,等等。中国的家长应该了解到,给予孩子的不仅仅是丰富的物质,或者金钱的保证,同时,与孩子建立一种良好的关系和沟通能力,为他们提供心理的陪伴,培养孩子拥有平衡的智商、情商和逆商更重要。中国家庭和社会也不要给学生们贴上标签,认为他们是液态的一代,缺乏激情和理想。虽然留学生有时脆弱、迷惘,或受到消费主义和个人主义的影响,但这并不妨碍他们培养创意和富于幻想,勇于改变,并能够为他人或理想奉献自己的青春。这些理想包括关怀、正义与和平。

过去多年在美国大学管理、教学和辅导的工作中,常常听到中国家长们关注的话题就是,孩子成绩如何?以后如何找工作?薪酬多少?这个专业适合孩子吗?孩子的生活适应吗?等等。这些话题当然很重要,但是家长首先应该成为孩子的朋友,关心的不只是孩子的物质生活和未来工作的方向,而是孩子开不开心、快不快乐、人际关系如何、是否自我封闭和逃避新的环境等。学生们远离父母和亲人,孤独感、缺乏安全感以及遇到问题偶感无助的时候,很需要家长对他们的心理有更多的了解,男生可能会没有那么多的想法,女生则会更多一些。所以中国父母对孩子们也不要有太多过高的期待,比如考试一定要达到什么分数,一定要如何优秀和出类拔萃,一定要去华尔街、四大或者知名的投行工作才觉得有成就，面子有光。但是孩子们内心世界是什么，他们这一代人的想法是什么，渴望是什么，他们的朋友圈是什么，他们对未来的希望是什么，则是很多家长们忽略的课题。家长们更需要培养孩子们良好的人生观和价值观。笔者常常在和很多家长的交流中说到，中国留学生在国外读书面临不同的压力和挑战其实并不轻，单从看书的时间就要比母语是英文的学生付出几倍的努力。孩子们开心、快乐、健康、自信、豁达、坚强、有责任、有担当、有爱心、有感恩的成长和发展，就是社会、家庭和个人的宝贵财富，也是人类一生用之不尽的财富和资源。家长们需要用心去和孩子们交流，聆听他们的故事和心声，去和孩子们分享他们自己的故事，并适时地鼓励和引导孩子。中国家长们和孩子们在沟通交流的时候，除了在专业方面的发展之外，不妨多多和孩子们交流如何更好地培养孩子健全的人格和人品，礼貌、成熟、懂事、感恩地面对成长的不同阶段，拥有正能量去面对生活。

不可否认的是，在和数以千计的中国留学生的交流中，他们都深知家长和亲人们对他们的关爱，问题在于，他们为何不愿意和父母沟通或者交流，或者只是需要钱的时候才来找父母。家庭的教育体制和沟通方法是否需要更改，是否在出国前和孩子确定好保持定期的沟通，并告诉孩子们，父母永远在他/她身边陪伴他/她的成长与发展。当孩子遇到问题的时候（比如和人的相处），父母是否鼓励和引导孩子去寻找积极的方案来解决问题，而不是一味地埋怨现实环境，比如公寓不好、伙食不好、他人不好，等等。孩子是否具有开放的心态去寻找帮助，这些都需要家长们积极的鼓励，而非代替孩子们去做每一件事情。

　　在网络发达的今天，家长和孩子们都要保持固定联系时间，一般至少一周一次或者两次，谈谈学习、生活和家里的大小诸事，了解孩子们在国外的学习生活状况、思想、心态和情绪上的变化，并在各种问题上给予孩子们正确的指导和帮助，让家人之间的沟通更加亲近，发现问题时尽早处理和解决。孩子时间长了没有和父母沟通和联系，就像风筝的线一样，父母有必要拉一拉，提醒孩子们生活中的一些事情，并给予他们正确的人生观和价值观，而不能让他们在空中飘荡，最后失去方向。同时，家长也要辅导和教导孩子们对涉及留学生生活的各种基本法律有所了解。家长还需要了解孩子在美国就读院校的中国学生学者联谊会的主要负责人的联系方式（因为给学校联系的话还会有不少语言障碍），以备在应急时可以迅速联系。家长们也可以成立孩子们就读学校的家长群，比如2019或者2020学生家长群，大家除了在群里相互认识，讨论和交流教育和学习讯息外，也可以为孩子们建立沟通的平台。比如来自于同一个城市的孩子在同一所美国学校念书，但是之前并不认识，通过家长平台的联系，可以促成孩子们的交流和沟通，大家偶尔也可以结伴旅游或者放假回家/返校时同行等。

　　当然，两代人的沟通从来就不是一个简单和容易的问题，尤其是大多数孩子们在刚刚成年（18岁）的时候就漂洋过海离开父母开始一种新的生活。像这样的每年聚少离多，借着彼此的沟通、分享、担待、包容、珍惜而让亲情更加珍贵，那些散落在成长记忆里的美丽故事和插曲将是最美的回忆。要让孩子们意识和体会到父母的辛劳，即使拥有一定的财富基础将他们送出国去接受教育，孩子们也要懂得感恩。要让孩子们知道，来自家庭和父母长辈们的爱，将每天在生活中陪伴他们走过难忘的留学生涯，走过人生的朝朝岁月，陪同他们一起去编织和实现人生梦想和目标，在平凡单调抑或丰富多彩的世界不忘初心，不改初衷，满怀信心，走向未来。

生活是一份美丽的馈赠，这份馈赠来自于家庭和父母无条件的爱与默默无闻的付出，也是留学生和家长们一生最美的情愫，一如千帆过后的沉寂，将永驻在心灵深处。这如影相随的爱，在无数个日日夜夜，是点点滴滴的汇集，是一盏心灯，多年后的再次回眸，是如此温暖和感人。多少美丽的往事，看着孩子们在美丽的校园看尽秋日的五彩斑斓，落红映霞光，赏尽冬雪的冰清玉洁，银白素裹装，融尽春色的青翠嫩绿，芳草碧连天，等待夏日的繁花似锦，看那一抹姹紫嫣红。多少夕阳西下的时光，静静地待孩子们轻轻地拂去那最后一抹晚霞，去为实现明日美好的梦想而奋斗。在无数清晨与黄昏，在落雨时节，在岁月的尘风里，沉淀着父母们对孩子最美的祝福、祈祷和牵挂。

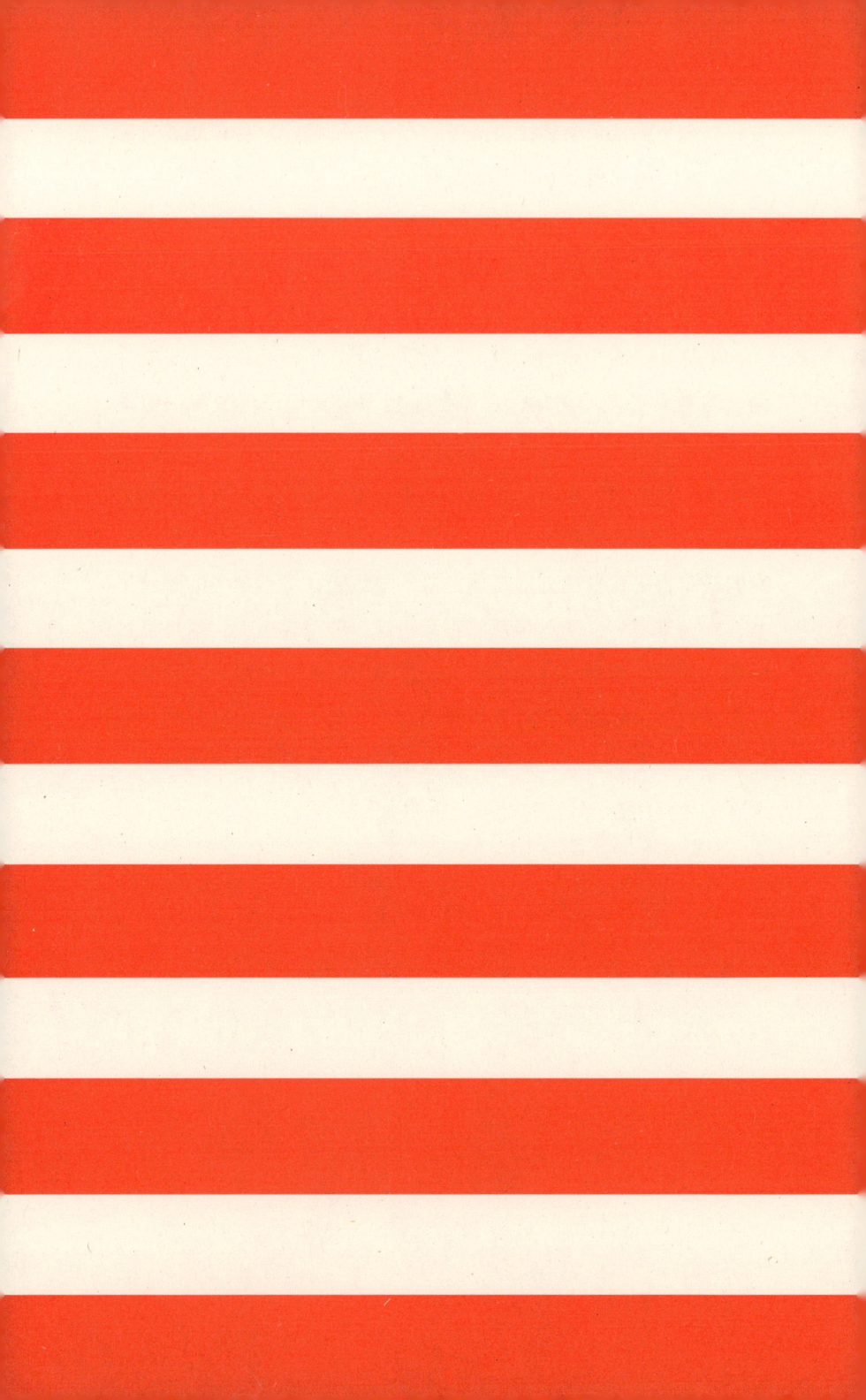

结束语

　　初夏时节，又是一年毕业季，多少学子怀揣梦想即将踏上人生新的旅程。每当这个时候，美国各大名校的毕业典礼上都会传来一个又一个激动人心的演讲。这些寄语从不同层面传递着某些教育的真谛：公民的责任、远大的志向、奉献与服务、批判性的独立思考、时时刻刻的自我觉知、终身学习的基础，以及获得幸福的能力。这些寄语激励着年轻人积极进取，肩负使命，创造未来。我们坚信教育推动着社会的进步和永续发展，教育改变着人们的命运并且让世界变得更加美好，让我们生活的世界充满爱、和平、公平、信任、良知与正义。中国古代的《大学》中早已明确了教育是传授做人做事最根本的道理，正所谓"格物，致知，诚意，正心，修身，齐家，治国，平天下"。古今中外，对于教育的意义我们在书中已经列举阐述了很多，在教育的实践中，我们有了更多的体会和领悟。借此机会，笔者将自己在美国大学学习、工作和生活的经验编辑成册，希望能够帮助更多的海外学子顺利完成学业。作为教育工作者,我们在这里衷心祝福每一位家长,祝福每一位学生,愿你们的留学之路一帆风顺,勇往直前,去实现你们美丽的人生理想。